湘西苗族
民间传统文化丛书
【第三辑】

苗师『不青』
敬日月车祖神科仪
【第二册】

石寿贵◎编

中南大学出版社
www.csupress.com.cn

出版说明

罗康隆

　　少数民族文化是中华民族宝贵的文化遗产，是中华文化的重要组成部分，是各民族在几千年历史发展进程中创造的重要文明成果，具有丰富的内涵。搜集、整理、出版少数民族文化丛书，不仅可以为学术研究提供真实可靠的文献资料，同时对继承和发扬各民族的优秀传统文化，振奋民族精神，增强民族团结，促进各民族的发展繁荣，意义深远。随着全球化趋势的加强和现代化进程的加快，我国的文化生态发生了巨大变化，非物质文化遗产受到越来越大的冲击。一些文化遗产正在不断消失，许多传统技艺濒临消亡，大量有历史文化价值的珍贵实物与资料遭到毁弃或流失境外。加强我国非物质文化遗产的保护已经刻不容缓。

　　苗族是中华民族大家庭中较古老的民族之一，是一个历史悠久且文化内涵独特的民族，也是一个久经磨难的民族。纵观其发展历史，是一个不断迁徙与适应新环境的历史发展过程，也是一个不断改变旧生活环境、适应新生活环境的发展历程。迁徙与适应是苗族命运的历史发展主线，也是造就苗族独特传统文化与坚韧民族精神的起源。由于苗族没有自己独立的文字，其千百年来的历史和精神都是通过苗族文化得以代代相传的。苗族传统文化在其发展的过程中经历的巨大的历史社会变迁，在一定程度上影响了苗族传统文化原生态保存，这也就使对苗族传统文化的抢救成了一个迫切问题。在实际情况中，其文化特色也是十分丰富生动的。一方面，苗族人民的口头文学是极其发达的，比如内容繁多的传说与民族古歌，是苗族人民世世代代的生存、奋斗、探索的总结，更是苗族人民生活的百科全书。苗族的大量民间传说也是苗族民间文学的重要组成部分，它所蕴含的理论价值体系是深深植入苗族社会的生产、生活中的。另一方面，苗族文化中的象形符号文化也是极其发达的，这些符号成功地传递了苗族文化的信息，从而形成了苗族文化体系的又一特点。苗族人民的生活实践也是苗族传统文化产生的又一来源，形成了一整套的文化生成与执行系统，使苗族人民的文化认同感和族群意识凸显。传统文化存在的意义是一种文化多元性与文化生态多样性的有机结合，对苗族文化的保护，首先就要涉及对苗族民间传统文化的保护。

《湘西苗族民间传统文化丛书》立足苗族东部方言区，从该方言区苗族民间传统文化的原生性出发，聚焦该方言区苗族的独特文化符号，忠实地记录了该方言区苗族的文化事实，着力呈现该方言区苗族的生态、生计与生命形态，揭示出该方言区苗族的生态空间、生产空间、生活空间与苗族文化的相互作用关系。

本套丛书的出版将会对湘西苗族民间传统文化艺术的抢救和保护工作提供指导，也会为民间传统文化艺术的学术理论研究提供有益的帮助，促进民间艺术传习进入学术体系，朝着高等研究体系群整合研究方向发展；其出版将会成为铸牢中华民族共同体意识的文化互鉴素材，成为我国乡村振兴在湘西地区落实的文化素材，成为人类学、民族学、社会学、民俗学等学科在湘西地区的研究素材，成为我国非物质文化遗产——苗族巴代文化遗产保护的宝库。

（作者系吉首大学历史与文化学院院长、湖南省苗学学会第四届会长）

《湘西苗族民间传统文化丛书》
编 委 会

主　任　刘昌刚

副主任　卢向荣　龙文玉　伍新福　吴湘华

成　员　(按姓氏笔画排序)

石开林	石茂明	石国鑫	石金津
石家齐	石维刚	龙　杰	龙宁英
龙春燕	田特平	伍秉纯	向民航
向海军	刘世树	刘自齐	李　炎
李敬民	杨选民	吴钦敏	吴晓东
吴新源	张子伟	张应和	陈启贵
罗　虹	罗康隆	胡玉玺	侯自佳
唐志明	麻荣富	麻美垠	彭景泉

总　序

刘昌刚

　　苗族是一个古老的民族，也是一个世界性的民族。据 2010 年第六次全国人口普查统计，我国苗族有 940 余万人，主要分布在贵州、湖南、云南、四川、广西、湖北、重庆、海南等省市区。国外苗族约有 300 万人，主要分布于越南、老挝、泰国、缅甸、美国、法国、澳大利亚等国家。

一

　　《苗族通史》导论记载：苗族，自古以来，无论是在文臣武将、史官学子的奏章、军录和史、志、考中，还是在游侠商贾、墨客骚人的纪行、见闻和辞、赋、诗里，都被当成一个神秘的"族群"，或贬或褒。在中国历史的悠悠长河中，苗族似一江春水时涨时落，如梦幻仙境时隐时现。整个苗疆，就像一本无字文书，天机不泄。在苗族人生活的大花园中，有着宛如仙境的武陵山、缙云山、梵净山、织金洞、九龙洞以及花果山水帘洞似的黄果树大瀑布等天工杰作；在苗族的民间故事里，有着极古老的蝴蝶妈妈、枫树娘娘、竹简兄弟、花莲姐妹等类似阿凡提的美丽传说；在苗族的族群里，嫡传着槃瓠（即盘瓠）后世、三苗五族、夜郎子民、楚国臣工；在苗族的习尚中，保留着八卦占卜、易经卜算、古傩祭祀、老君法令和至今仍盛行着的苗父医方、道陵巫术、三峰苗拳……在这个盛产文化精英的民族中，走出了蓝玉、沐英、王宪章等声震全国的名将，还诞生了熊希龄、滕代远、沈从文等教育家、政治家、文学家。闻一多在《伏羲考》一文中认为"延维"或"委蛇"指伏羲，是南方苗之神。远古时期居住在东南方的人统称为"夷"，伏羲是古代夷部落的大首领。苗族人民中确实流传着伏羲和女娲的传说,清初陆次云的《峒溪纤志》载:"苗人腊祭日报草。祭用巫,设女娲、伏羲位。"历史学家芮逸夫在《人类学集刊》上发表的《苗族洪水故事与伏羲、女娲的传说》中说:"现代的人类学者经过实地考察,才得到这是苗族传说。据此,苗族全出于伏羲、女娲。他们本为兄妹,遭遇洪水,人烟断绝,仅此二人存。他们在盘古的撮合下,结为夫妇,绵延人类。"闻一多还写过《东皇太一考》,经他考证,苗族里的伏羲就是《九歌》里的东皇太一。

《中国通史》(范文澜著,人民出版社1978年版第1册第19页)载:"黄帝族与炎帝族,又与夷族、黎族、苗族的一部分逐渐融合,形成春秋时期称为华族、汉以后称为汉族的初步基础。"远古时代就居住在中国南方的苗、黎、瑶等族,都有传说和神话,可是很少见于记载。一般说来,南方各族中的神话人物是"槃瓠"。三国时徐整作《三五历纪》吸收"槃瓠"入汉族神话,"槃瓠"衍变成开天辟地的盘古氏。

在历史上,苗族为了实现民族平等,屡战屡败,但又屡败屡战,从不屈服。苗族有着悠久、灿烂的文化,为中华文化的形成和发展做出了巨大贡献,在不同的历史阶段,涌现出了许多可歌可泣的英雄人物。

苗族不愧为中华民族中的一个伟大民族。苗族文化是苗族几千年的历史积淀,其丰厚的文化底蕴成就了今天这部灿烂辉煌的历史巨著。苗族是一个灾难深重的民族,又是一个勤劳、善良、富有开拓性与创造性的伟大民族,还是一个世界性的民族,不断开拓和创造着新的历史文化。

历史上公认的是,九黎之苗时期的五大发明是苗族对中国文化的原创性贡献。盛襄子在其《湖南苗史述略·三苗考》中论述道:"此族(苗族)为中国之古土著民族,曾建国曰三苗。对于中国文化之贡献约有五端:发明农业,奠定中国基础,一也;神道设教,维系中国人心,二也;观察星象,开辟文化园地,三也;制作兵器,汉人用以征伐,四也;订定刑罚,以辅先王礼制,五也。"

苗族历史可以分为五个时期:先民聚落期(原始社会时期)、拓土立国期(九黎时期至公元前223年楚国灭亡)、苗疆分理期(公元前223年楚国灭亡至1873年咸同起义失败)、民主革命期(1873年咸同起义失败到1949年中华人民共和国成立)、民族区域自治期(1949年中华人民共和国成立至今)。相应地,苗族历史文化大致也可以分为五个时期,且各个时期具有不尽相同的文化特征:第一期以先民聚落期为界,巫山人进化成为现代智人,形成的是原始文化,即高庙文明初期;第二期以九黎、三苗、楚国为标志,属于苗族拓土立国期，形成的是以高庙文明为代表的灿烂辉煌的苗族原典文化；第三期是以苗文化为母本，充分吸收了诸夏文化，特别是儒学思想形成的高庙苗族文化；第四期是苗族历史上的民主革命期(1873年咸同起义失败到1949年中华人民共和国成立)，形成了以苗族文化为母本，吸收了集电学、光学、化学、哲学等基本内容的东土苗汉文化与西洋文化于一体的近现代苗族文化；第五期是苗族进入民族区域自治期(1949年中华人民共和国成立至今)，此期形成的是以苗族文化为母本，进一步融合传统文化、西方文化、当代中国先进文化的当代苗族文化。

二

苗族是我国一个古老的人口众多的民族，又是一个世界性的民族。她以其悠久的历史和深厚的文化而著称于世，传承着历史文化、民族精神。由田兵主编的《苗族古歌》，马学良、今旦译注的《苗族史诗》，龙炳文、龙秀祥等整理译注的《古老话》，是苗族古代的编年史和苗族百科全书，也是苗族最主要的哲学文献。

距今7800—5300年的高庙文明所包含的不仅是一个高庙文化遗址，其同类文化还遍布亚洲大陆。其中期虽在建筑、文学和科技等方面不及苏美尔文明辉煌，却比苏美尔文明早2300年，初期文明程度更高，后期又不像苏美尔文明那样中断，是世界上一直绵延不断、发展至今，并最终创造出辉煌华夏文明的人类文明。在高庙文化区域的湖南省常德市安乡县汤家岗遗址出土有蚩尤出生档案记录盘。

苗族人民口耳相传的苗族古歌记载了祖先蝴蝶妈妈及蚩尤的出生：蝴蝶妈妈是从枫木心中变出来的。蝴蝶妈妈一生下来就要吃鱼，鱼在哪里？鱼在继尾池。继尾古塘里，鱼儿多着呢！草帽般大的瓢虫，仓柱般粗的泥鳅，穿枋般大的鲤鱼。这里的鱼给她吃，她好喜欢。一次和水上的泡沫"游方"恋爱而怀孕后生下了12个蛋。后经鹡宇鸟(有的也写成鸡宇鸟)悉心孵养，12年后，生出了雷公、龙、虎、蛇、牛和苗族的祖先姜央(一说是龙、虎、水牛、蛇、蜈蚣、雷和姜央)等12个兄弟。

《山海经·卷十五·大荒南经》中也记载了蚩尤与枫树以及蝴蝶妈妈的不解之缘："有宋山者，有赤蛇，名曰育蛇。有木生山上，名曰枫木。枫木，蚩尤所弃其桎梏，是为枫木。有人方齿虎尾，名曰祖状之尸。"姜央是苗族祖先，蝴蝶妈妈自然是苗族始祖了。

澳大利亚人类学家格迪斯说过："世界上有两个苦难深重而又顽强不屈的民族，他们就是中国的苗族和分散在世界各地的犹太民族。"诚如所言，苗族是一个灾难深重而又自强不息的民族。唯其灾难深重，才能在磨砺中锤炼筋骨，迸发出民族自强不屈的魂灵，撰写出民族文化的鸿篇巨制。近年来，随着国家民族政策的逐步完善，对寄寓在民族学大范畴下的民族历史文化研究逐步深入，苗族作为我国少数民族百花园中的重要一支，其历史足迹与文化遗址逐渐为世人所知。

苗族口耳相传的古歌记载，苗族祖先曾经以树叶为衣、以岩洞或树巢为家、以女性为首领。从当前一些苗族地区的亲属称谓制度中，也可以看出苗族从母权制到父权制、从血缘婚到对偶婚的演变痕迹。诸如此类的种种佐证材料，无不证明着苗族的悠远历史。苗族祖先凭借优越的地理条件，辛勤开拓，先后发明了冶金术和刑罚。他们团结征伐，雄踞东方，强大的部落联盟在史书上被冠以"九黎"之称。苗族历史上闪耀夺目的九黎部落首领是战神蚩尤，他依靠坚甲利兵，纵横南北，威震天下。但是，蚩尤与同时代的炎黄部落逐鹿中原时战败，从此开启了漫长的迁徙逆旅。

总体来看，苗族的迁徙经历了从南到北、从北到南、从东到西、从大江大河到小江小河，乃至栖居于深山老林的迁徙轨迹。5000 年前，战败的蚩尤部落大部分南渡黄河，聚集江淮，留下先祖渡"浑水河"的传说。这一支经过休养生息的苗族先人汇聚江淮，披荆斩棘，很快就一扫先祖战败的屈辱和阴霾，组建了强大的三苗集团。然而，历史的车轮总是周而复始的，他们最终还是不敌中原部落的左右夹攻，他们中的一部分到达西北并随即南下，进入川、滇、黔边区。三苗主干则被流放崇山，进入鄱阳湖、洞庭湖腹地，秦汉以来不属王化的南蛮主支蔚然成势。夏商春秋战国乃至秦汉以后的历代正史典籍，充斥着云、贵、湘地南蛮不服王化的"斑斑劣迹"。这群发端于蚩尤的苗族后裔，作为中国少数民族的重要代表，深入武陵山脉心脏，抱团行进，男耕女织，互为凭借，势力强大，他们被封建统治阶级称为"武陵蛮"。据史料记载，东汉以来对武陵蛮的刀兵相加不可胜数，双方各有死伤。自晋至明，苗族在湖北、河南、陕西、云南、江西、湖南、广西、贵州等地辗转往复，与封建统治者进行了长期艰苦卓绝的不屈斗争。清朝及民国，苗族驻扎在云南的一支因战火而大量迁徙至滇西边境和东南亚诸国，进而散发至欧洲、北美、澳大利亚。

苗族遂成为一个世界性的民族！

三

苗族同胞在与封建统治者长期的争夺征战中，不断被压缩生存空间，又不断拓展生存空间，从而形成了其民族极为独特的迁徙文化现象。苗族历史上没有文字，却保存有大量的神话传说，他们有感于迁徙繁衍途中的沧桑征程，对天地宇宙产生了原始朴素的哲理认知。每迁徙一地，他们都结合当地实际，丰富、完善本民族文化内涵，从而形成了一系列以"蝴蝶""盘瓠""水牛""枫树"为表象的原始图腾文化。苗族虽然没有文字，却有丰富的口传文化。这些口传文化经后人整理，散见于贵州、湖南等地流传的《苗族古歌》《古老话》《苗族史诗》等典籍，它们承载着苗族后人对祖先口耳相传的族源、英雄、历史、文化的再现使命。

苗族迁徙的历程是艰辛、苦难的，迁徙途中的光怪陆离却是迷人的。他们善于从迁徙途中寻求生命意义，又从苦难中构建人伦规范，他们赋予迁徙以非同一般的意义。他们充分利用身体、语言、穿戴、图画、建筑等媒介，表达对天地宇宙的认识、对生命意义的理解、对人伦道德的阐述、对生活艺术的想象。于是，基于迁徙现象而产生的苗族文化便变得异常丰富。苗族将天地宇宙挑绣在服饰上，得出了天圆地方的朴素见解；将历史文化唱进歌声里，延续了民族文化一以贯之的坚韧品性；将跋涉足迹画在了岩壁上，应对苦难能始终奋勇不屈。其丰富的内涵、奇特的形式、隐忍的表达，成为这个民族独特的魅力，成为这个民族极具异禀的审美旨趣。从这个层面扩而大之，苗族的历史文化，便具备了一种神秘文化的潜在魅力与内涵支撑。苗族神秘文化最为典型的表现是巴代文化现象。从隐藏的文化内涵因子分析来看，巴代文化实则是苗族生存发展、生产生活、伦理道德、物质精神等文化现象的活态传承。

苗族丰富的民族传奇经历造就了其深厚的历史文化，但其不羁的民族精神又使得这个民族成为封建统治者征伐打压的对象。甚至可以说，一部封建史，就是一部苗族的压迫屈辱史。封建统治者压迫苗族同胞惯用的手段，一是征战屠杀，二是愚昧民众，历经千年演绎，苗族同胞之于本民族历史、祖先伟大事功，被慢慢忽略，甚至抹杀性遗忘。

一个伟大民族的悲哀莫过于此！

四

历经苦难，走向辉煌。中华人民共和国成立后，得益于党的民族政策，苗族与全国其他少数民族一样，依托民族区域自治法，组建了具有本民族特色的少数民族自治机构。千百年被压在社会底层的苗族同胞，翻身当家做主人，他们重新直面苗族的历史文化，系统挖掘、整理、提升本民族历史文化，切实找到了民族的历史价值和民族文化自信。贵州和湖南湘西武陵山区一带，自古就是封建统治阶级口中的"武陵蛮"的核心区域。这一块曾经被统治阶级视为不毛之地的蛮荒地区，如今得到了国家的高度重视，中央整合武陵山片区 4 省 71 个县市，实施了武陵山片区扶贫攻坚战略。作为国家区域大扶贫战略中的重要组成部分，武陵山区苗族同胞的脱贫发展牵动着党中央、国务院的心。武陵山区苗族同胞感恩党中央，激发内生动力，与党中央同频共振，掀起了一场轰轰烈烈的脱贫攻坚世纪大战。

苗族是湘西土家族苗族自治州两大主体民族之一，要推进湘西发展，当前基础性的工作就是要完成两大主体民族脱贫攻坚重点工作，自然，苗族承担历史使命责无旁贷。在这样的情境下，推进湘西发展、推进苗族聚集区同胞脱贫致富，就是要充分用好、用活苗族深厚的历史文化资源，以挖掘、提升民族文化资源品质，提升民族文化自信心；要全面整合苗族民族文化资源精华，去芜存菁，把文化资源转化为现实生产力，服务于湘西州经济社会的发展。

正是贯彻这样的理念，湘西土家族苗族自治州立足少数民族自治地区的民族资源特色禀赋，提出了生态立州、文化强州的发展理念，围绕生态牌、文化牌打出了"全域旅游示范区建设""国内外知名生态文化公园"系列组合拳，使得民族文化旅游业蓬勃发展，民族地区脱贫攻坚工作突飞猛进。在具体操作层面，州委、州政府提出了"以'土家探源''神秘苗乡'为载体、深入推进我州文化旅游产业发展"的口号，重点挖掘和研究红色文化、巫傩文化、苗疆文化、土司文化。基于此，州政协按照服务州委、州政府中心工作和民生热点难点的履职要求，组织相关专家学者，联合相关出版机构，在申报重点课题的基础上，深度挖掘苗族历史文化，按课题整理、出版苗族历史文化丛书。

人类具有社会属性，所以才会对神话故事、掌故、文物和文献进行著录和收传。以民族出版社出版、吴荣臻主编的五卷本《苗族通史》和贵州民族出版社出版的《苗族古歌》系列著作为标志，苗学研究进入了一个新的历史时期。

湘西土家族苗族自治州政协组织牵头的《湘西苗族民间传统文化丛书》记载了苗疆文化的主要内容，是苗族文化研究的重要成果。它不但整理译注了浩如烟海的有关苗疆的历史文献，出版了史料文献丛书，还记录整理了苗族人民口传心授的苗族古歌系列、巴代文化系列等珍贵资料，并展示了当代文化研究成果。

党的十八大以来，以习近平同志为核心的党中央，以"一带一路"倡议为抓手，不断推进人类命运共同体建设，以实现中华民族伟大复兴的中国梦为目标，不断推进道路自信、理论自信、制度自信和文化自信。没有包括苗族文化在内的各个少数民族文化的复兴，也不会有完全的中华民族伟大复兴。

因此，从苗族历史文化中探寻苗族原典文化，发现新智慧、拓展新路径，从而提升民族文化自信力，服务湘西生态文化公园建设，推进精准扶贫、精准脱贫，实现乡村振兴，进而实现湘西现代化建设目标，善莫大焉！

此为序！

2018 年 9 月 5 日

专家序一

掀起湘西苗族巴代文化的神秘面纱

汤建军

2017年9月7日，根据中共湖南省委安排，我在中共湘西州委做了题为"砥砺奋进的五年"的形势报告。会后，在湘西州社科联谭必四主席的陪同下，考察了一直想去的花垣县双龙镇十八洞村。出于对民族文化的好奇，考察完十八洞村后，我根据中共湖南省委网信办在花垣县挂职锻炼的范东华同志的热诚推荐，专程拜访了苗族巴代文化奇人石寿贵老先生，参观其私家苗族巴代文化陈列基地。石寿贵先生何许人也？花垣县双龙镇洞冲村人。他是本家祖传苗师"巴代雄"第32代掌坛师、客师"巴代扎"第11代掌坛师、民间正一道第18代掌坛师。石老先生还是湘西州第一批"非物质文化遗产（以下简称'非遗'）保护"名录"苗老司"代表性传承人、湖南省第四批"非遗"名录"苗族巴代"代表性传承人、吉首大学客座教授、中国民俗学会蚩尤文化研究基地蚩尤文化研究会副会长、巴代文化学会会长。他长期从事巴代文化、道坛丧葬文化、民间习俗礼仪文化等苗族文化的挖掘搜集、整编译注及研究传承工作。一直以来，他和家人，动用全家之财力、物力和人力，经过近50年的全身心投入，在本家积累32代祖传资料的基础上，又走访了贵州、四川、湖北、湖南、重庆等省市周边20多个县市有名望的巴代坛班，通过本家厚实的资料库加上广泛搜集得来的资料，目前已整编译注出7大类76本2500多万字及 4000 余幅仪式彩图的《巴代文化系列丛书》，且准备编入《湘西苗族民间传统文化丛书》进行出版。这 7 大类 76 本具体包括：第一类，基础篇 9 本；第二类，苗师科仪 20 本；第三类，客师科仪 10 本；第四类，道师科仪 5 本；第五类，侧记篇 4 本；第六类，苗族古歌 13 本；第七类，历代手抄本扫描 13 本。除了书稿资料以外，石寿贵先生还整理了 8000 多分钟的仪式影像、238 件套的巴代实物、1000 多分钟的仪式音乐、此前他人出版的有关苗族巴代民俗的藏书 200 余册以及包括一整套待出版的《湘西苗族民间传统文化丛书》在内的资料档案。此前，他还主笔出版了《苗族道场科仪汇编》《苗师通书诠释》《湘西苗族古老歌话》《湘西苗族巴代古歌》四本著作。其巴代文化研究基地已建立起巴代文化的 3 大仪式、2 大体系、8 大板块、37 种苗族文化数据库，成为全国乃至海内外苗族巴代文化资料最齐全系统、最翔实厚重、最丰富权威的亮点单位。"苗族巴代"在 2016 年 6 月入选第四批湖南省"非遗"保护名录。2018 年 6 月，石寿贵老先生获批为湖南省第四批"非遗"保护项目"苗族巴代"代表性传承人。

走进石寿贵先生的巴代文化挖掘搜集、整编译注、研究及陈列基地，这是一栋两层楼的陈列馆，没有住人，全部都是用来作为巴代文化资料整编译注和陈列的。一楼有整编译注工作室和仪式影像投影室等，中堂为有关图片及字画陈列，文化气息扑面而来。二楼分别为巴代实物资料、文字资料陈列室和仪式腔调录音室及仪式影像资料制作室等，其中 32 个书柜全都装满了巴代书稿和实物，真可谓书山文海、千册万卷、博大精深、琳琅满目。

石老先生所收藏和陈列的巴代文化各种资料、物件和他本人的研究成果极大地震撼了我们一行人。我初步翻阅了石老先生提供的《湘西苗族巴代揭秘》一书初稿，感觉这些著述在中外学术界实属前所未闻、史无前例、绝无仅有。作者运用独特的理论体系资料、文字体系资料以及仪式符号体系资料等，全面揭露了湘西苗族巴代的奥秘。此书必将为研究苗族文化、苗族巴代文化学和中国民族学、民俗学、民族宗教学的学者，以及苗族地区摄影专家、民族文化爱好者提供线索、搭建平台与铺设道路。我当即与湘西州社科联谭必四主席商量，建议他协助和支持石老先生将《湘西苗族巴代揭秘》一书申报湖南省社科普及著作出版资助。经过专家的严格评选，该书终于获得了出版资助，在湖南教育出版社得到出版。因为这是一本在总体上全面客观、科学翔实、通俗形象地介绍苗族巴代及其文化的书，我相信此书一定会成为广大读者喜闻喜阅、喜欣喜爱的书，一定能给苗族历代祖先以慰藉，一定能更好地传播苗族文化精华，一定能深入弘扬中华民族优秀传统文化。

2017年12月6日，我应邀在中南大学出版社宣讲党的十九大精神时，结合如何策划选题，重点推介了石寿贵先生的苗族巴代文化系列研究成果，希望中南大学出版社在前期积累的基础上，放大市场眼光，挖掘具有民族特色的文化遗产，积极扶持石老先生巴代文化成果的出版。这个建议得到了吴湘华社长及其专业策划团队的高度重视。2018年1月30日，国家出版基金资助项目公示，由中南大学出版社挖掘和策划的石寿贵编著的《巴代文化系列丛书》中的10本作为第一批《湘西苗族民间传统文化丛书》入选。该丛书以苗族巴代原生态的仪式脚本(包括仪式结构、仪式程序、仪式形态、仪式内容、仪式音乐、仪式气氛、仪式因果等)记录为主要内容，原原本本地记录了苗师科仪、客师科仪、道师绕棺戏科仪以及苗族古歌、巴代历代手抄本扫描等脚本资料，建立起了科仪的文字记录、图片静态记录、影像动态记录、历代手抄本文献记录、道具法器实物记录等资料数据库，是目前湘西苗族地区种类较为齐全、内容翔实、实物彩图丰富生动的原生态民间传统资料，充分体现了苗族博大精深的文化内涵和艺术价值，对今后全方位、多视角、深层次研究苗族历史文化有着极其重要的价值和深远的意义。

从《湘西苗族民间传统文化丛书》中所介绍的内容来看，可以说，到目前为止，这套丛书是有关领域中内容最系统翔实、最丰富完整、最难能可贵的资料了。此套书籍如此广泛深入、全面系统、尽数囊括，实为古今中外之罕见，堪称绝无仅有、弥足珍贵，也是有史以来对苗族巴代文化的全面归纳和科学总结。我想，这既是石老先生和家人以及社会各界对苗族文化的热爱、执着、拼搏、奋斗、支持、帮助的结果，也体现出了石寿贵老先生对苗族文化所做出的巨大贡献。这套丛书将成为苗族传统文化保护传承、研究弘扬的新起点和里程碑。用学术化的语言来说，这300余种巴代科仪就是历代以来的巴代所主持的苗族祭祀仪式、习俗仪式以及各种社会活动仪式的具体内容。但仪式所表露出来的仅仅只是表面形式而已，更重要的是包含在仪式里面的文化因子与精神特质。关于这一点，石寿贵老先生在丛书中也剖析得相当清晰，他认为巴代文化的形成是苗族文化因子的作用所致。他认为：世界上所有的民族和教派都有不同于其他民族的文化因子，比如佛家的因果轮回、慈善涅槃、佛国净土，道家的五行生克、长生久视、清净无为，儒家的忠孝仁义、三纲五常、齐家治国，以及纳西族的"东巴"、羌族的"释比"、满族的"萨满"、土家族的"梯玛"等，无不都是严格区别于其他民族或教派的独特文化因子。由某个民族文化因子所产生出来的文化信念，在内形成了该民族的观念、性格、素质、气节和精神，在外则形成了该民族的风格、习俗、形象、身份和标志。通过内外因素的共同作用，形成支撑该民族生生不息、发展壮大、繁荣富强的不竭动力。苗族巴代文化的核心理念是人类的"自我不灭"真性，在这一文化因子的影响下，形成了"自我崇拜"或"崇拜自我、维护自我、服务自我"的人类生存哲学体系。这种理论和实践体现在苗师"巴代雄"祭祀仪式的方方面面，比如上供时所说的"我吃你吃，我喝你喝"。说过之后，还得将供品一滴不漏地吃进口中，意思为我吃就是我的祖先吃，我喝就是我的祖先喝，我就是我的祖先，我的祖先就是我，祖先虽亡，但他的血液在我的身上流淌，他的基因附在我的身上，祖先的化身就是当下的我，并且一直延续到永远，这种自我真性没有被泯灭掉。同时，苗师"巴代雄"所祭祀的对象既不是木偶，也不是神像，更不是牌位，而是活人，是舅爷或德高望重的活人。这种祭祀不同于汉文化中的灵魂崇拜、鬼神崇拜或自然崇拜，而是实实在在的、活生生的自我崇拜。这就是巴代传承古代苗族主流文化(因子)的内在实质和具体内容。无怪乎如来佛祖降生时一手指天，一手指地，所说的第一句话就是："天上地下，唯我独尊。"佛祖所说的这个"我"，指的绝非本人，而是宇宙间、世界上的真性自我。

石老先生认为，从生物学的角度来说，世界上一切有生命的动植物的活动都是维护自我生存的活动，维护自我毋庸置疑。从人类学的角度来说，人类的真性自我不生不灭，世间人类自身的一切活动都是围绕有利于自我生存和发展这个主旨来开展的，背离了这个主旨的一切活动都是没有任何价值和意义的活动。从社会科学的角度来说，人类社会所有的科普项目、科学文化，都是从有利于人类自我生存和发展这个主题来展开的，如果离开了这条主线，科普也就没有了任何价值和意义。从人类生存哲学的角度来说，其主要的逻辑范畴，也是紧紧地把握人类这个大的自我群体的生存和发展目标去立论拓展的，自我生存成为最大的逻辑范畴；从民族学的角度来说，每个要维护自己生生不息、发展壮大的民族，都要有自己强势优越、高超独特、先进优秀的文化来作为支撑，而要得到这种文化支撑的主体便是这个民族大的自我。

石老先生还说，从维护小的生命、个体的小自我到维护大的人类、群体的大自我，是生物世界始终都绕不开的总话题。因而，自我不灭、自我崇拜或崇拜自我、服务自我、维护自我，在历史上早就成为巴代文化的核心理念。正是苗师"巴代雄"所奉行的这个"自我不灭论"宗旨教义，所行持的"自我崇拜"的教条教法，涵盖了极具广泛意义的人类学、民族学以及哲学文化领域中的人类求生存发展、求幸福美好的理想追求。也正是这种自我真性崇拜的文化因子，才形成了我们的民族文化自信，锻造了民族的灵魂素质，成就了民族的精神气节，才能坚定民族自生自存、自立自强的信念意识，产生出民族生生不息、发展壮大的永生力量。这就充分说明，苗族的巴代文化，既不是信鬼信神的巫鬼文化，也不是重巫尚鬼的巫傩文化，而是从基因实质的文化信念到灵魂素质、意识气魄的锻造殿堂，是彻头彻尾的精神文化，这就是巴代文化和巫鬼文化、巫傩文化的本质区别所在。

乡土的草根文化是民族传统文化体系的基因库，只要正向、确切、适宜地打开这个基因库，我们就能找到民族的根和魂，感触到民族文化的神和命。巴代作为古代苗族主流文化的传承者，作为一个族群社会民众的集体意识，作为支撑古代苗族生存发展、生生不息的强大的精神支柱和崇高的文化图腾，作为苗族发展史、文明史曾经的符号，作为中华民族文化大一统中的亮丽一簇，很少被较为全面系统、正向正位地披露过。

巴代是古代苗族祭祀仪式、习俗仪式、各种社会活动仪式这三大仪式的主持者，更是苗族主流文化的传承者。因为苗族在历史上频繁迁徙、没有文字、不属王化、封闭保守等因素，再加上历史条件的限制与束缚，为了民族的生存和发展，苗族先人机灵地以巴代所主持的三大仪式为本民族的显性文化表象，来传承苗族文化的原生基因、本根元素等这些只可意会、不可言传的隐性文化实质。又因这三大仪式的主持者叫巴代，故其所传承、主导、影响的苗族主流文化又被称为巴代文化，巴代也就自然而然地成为聚集古代苗族的哲学家、法学家、思想家、社会活动家、心理学家、医学家、史学家、语言学家、文学家、理论家、艺术家、易学家、曲艺家、音乐家、舞蹈家、农业学家等诸大家之精华于一身的上层文化人，自古以来就一直受到苗族人民的信任、崇敬和尊重。

巴代文化简单说来就是3大仪式、2大体系、8大板块和37种文化。其包括了苗族生存发展、生产生活、伦理道德、物质精神等从里到表、方方面面、各个领域的文化。巴代文化必定成为有效地记录与传承苗族文化的载体、百科全书以及活态化石，必定成为带领苗族人民从远古一直走到今天的精神支柱和家园，必定成为苗族文化的根、魂、神、质、形、命的基因实质，必定成为具有苗族代表性的文化符号与文化品牌，必定成为苗族优秀的传统文化、神秘湘西的基本要素。

石老先生委托我为他的丛书写篇序言，因为我的专业不是民族学研究，不能从专业角度给予中肯评价，为读者做好向导，所以我很为难，但又不好拒绝石老先生。工作之余，我花了很多时间认真学习他的相关著述，总感觉高手在民间，这些文字是历代苗族文化精华之沉淀，文字之中透着苗族人的独特智慧，浸润着石老先生及历代巴代们的心血智慧，更体现出了石老先生及其家人一生为传承苗族文化所承载的常人难以想象的艰辛、曲折、困苦、执着和担当。

　　这次参观虽然不到2个小时，却发现了苗族巴代文化的正宗传人。遇见石老先生，我感觉自己十分幸运，亦深感自己有责任、有义务为湘西苗族巴代文化及其传人积极推荐，努力让深藏民间的优秀民族文化遗产能够公开出版。石老先生的心愿已了，感恩与我们一样有这种情结的评审专家和出版单位对《湘西苗族民间传统文化丛书》的厚爱和支持。我相信，大家努力促成这些书籍公开出版，必将揭开湘西苗族巴代文化的神秘面纱，必将开启苗族巴代文化保护传承、研究弘扬、推介宣传的热潮，也必将引发湘西苗族巴代文化旅游的高潮。

　　略表数言，抛砖引玉，是为序。

（作者系湖南省社会科学院党组成员、副院长，湖南省省情研究会会长、研究员）

专家序二

罗康隆

  我来湘西 20 年，不论是在学校，还是在村落，听得最多的当地苗语就是"巴代"（分"巴代雄"与"巴代扎"）。起初，我也不懂巴代的系统内涵，只知道巴代是湘西苗族的"祭师"，但经过 20 年来循序渐进的认识与理解，我深知，湘西苗族的"巴代"，并非用"祭师"一词就可以简单替代。

  说实在的，我是通过《湘西苗族调查报告》和《湘西苗族实地调查报告》这两本书来了解湘西的巴代文化的。1933 年 5 月，国立中央研究院的凌纯声、芮逸夫来湘西苗区调查，三个月后凌纯声、芮逸夫离开湘西，形成了《湘西苗族调查报告》（2003 年 12 月由民族出版社出版）。该书聚焦于对湘西苗族文化的展示，通过实地摄影、图画素描、民间文物搜集，甚至影片拍摄，加上文字资料的说明等，再现了当时湘西苗族社会文化的真实图景，其中包含了不少关于湘西苗族巴代的资料。

  当时，湘西乾州人石启贵担任该调查组的顾问，协助凌纯声、芮逸夫在苗区展开调查。凌纯声、芮逸夫离开湘西时邀请石启贵代为继续调查，并请国立中央研究院聘石启贵为湘西苗族补充调查员，从此，石启贵正式走上了苗族研究工作的道路。经过多年的走访调查，石启贵于 1940 年完成了《湘西苗族实地调查报告》（2008 年由湖南人民出版社出版）。在该书第十章"宗教信仰"中，他用了 11 节篇幅来介绍湘西苗族的民间信仰。2009 年由中央民族大学"985 工程"中国少数民族非物质文化研究与保护中心与台湾研究院历史语言研究所联合整理，在民族出版社出版了《民国时期湘西苗族调查实录（1~8 卷）》（套装全 10 册），包括习俗卷、椎猪卷、文学卷、接龙卷、祭日月神卷、祭祀神辞汉译卷、还傩愿卷、椎牛卷（上）、椎牛卷（中）、椎牛卷（下）。

由是，人们对湘西苗族"巴代"有了更加系统的了解。

我作为苗族的一员，虽然不说苗语了，但对苗族文化仍然充满着热情与期待。在我主持学校民族学学科建设之初，就将苗族文化列为重点调查与研究领域，利用课余时间行走在湘西的腊尔山区苗族地区，对苗族文化展开调查，主编了《五溪文化研究》丛书和《文化与田野》人类学图文系列丛书。在此期间结识了不少巴代，其中就有花垣县董马库的石寿贵。此后，我几次到石寿贵家中拜访，得知他不仅从事巴代活动，而且还长期整理湘西苗族的巴代资料，对湘西苗族巴代有着系统的了解和较深的理解。

我被石寿贵收集巴代资料的精神所感动，决定在民族学学科建设中与他建立学术合作关系，首先给他配备了一台台式电脑和一台摄像机，可以用来改变以往纯手写的不便，更可以将巴代的活动以图片与影视的方式记录下来。此后，我也多次邀请他到吉首大学进行学术交流。在台湾"中央研究院"康豹教授主持的"深耕计划"中，石寿贵更是积极主动，多次对他所理解的"巴代"进行阐释。他认为湘西苗族的巴代是一种文化，巴代是古代苗族祭祀仪式、习俗仪式、各种社会活动仪式这三大仪式的主持者，是苗族文化的传承载体之一，是湘西苗族"百科全书"的构造者。

巴代文化成为苗族文化的根、魂、神、质、形、命的基因实质。这部《湘西苗族民间传统文化丛书》含7大类76本2500多万字及4000余幅仪式彩图，还有8000多分钟仪式影像、238件套巴代实物、1000多分钟仪式音乐等，形成了巴代文化资料数据库。这些资料弥足珍贵，以苗族巴代仪式结构、仪式程序、仪式形态、仪式内容、仪式音乐、仪式气氛、仪式因果为主要内容进行记录。这是作者在本家32代祖传所积累丰厚资料的基础上，通过近50年对贵州、四川、湖南、湖北、重庆等省市周边有名望的巴代坛班走访交流，行程达10万多公里，耗资40余万元，竭尽全家之精力、人力、财力、物力，对巴代文化资料进行挖掘、搜集与整理所形成的资料汇编。

这些资料的样本存于吉首大学历史与文化学院民间文献室，我安排人员对这批资料进行了扫描，准备在2015年整理出版，并召开过几次有关出版事宜的会议，但由于种种原因未能出版。今天，它将由中南大学出版社申请到的国家出版基金资助出版，也算是了结了我多年来的一个心愿，这是苗族文化史上的一件大好事。这将促进苗族传统文化的保护，极大地促进民族精神的传承和发扬，有助于加强、保护与弘扬传统文化，对落实党和国家加强文化大发展战略有着特殊的使命与价值。

（作者系吉首大学历史与文化学院院长、湖南省苗学学会第四届会长）

概　述

　　《湘西苗族民间传统文化丛书》以苗族巴代原生态的仪式脚本（包括仪式结构、仪式程序、仪式形态、仪式内容、仪式音乐、仪式气氛、仪式因果等）记录为主要内容，原原本本地记录了苗师科仪、客师科仪、道师绕棺戏科仪以及苗族古歌、巴代历代手抄本扫描等脚本资料，建立起了科仪文字记录、图片静态记录、影像动态记录、历代手抄本文献记录、道具法器实物记录等资料数据库，为抢救、保护、传承、研究这些濒临灭绝的苗族传统文化打牢了基础，搭建了平台，提供了必需的条件。

　　巴代是古代苗族祭祀仪式、习俗仪式、各种社会活动仪式这三大仪式的主持者，也是苗族主流文化的传承载体之一。古代苗族在涿鹿之战后因为频繁迁徙、分散各地、没有文字、不属王化、封闭保守等因素，形成了具有显性文化表象和隐性文化实质这二元文化的特殊架构。基于历史条件的限制与束缚，为了民族的生存和发展，苗族先人机灵地以巴代所主持的三大仪式为本民族的显性文化表象，来传承苗族文化的原生基因、本根元素等这些只可意会、不可言传的隐性文化实质。因为三大仪式的主持者叫巴代，故其所传承、主导、影响的苗族主流文化又被称为巴代文化，巴代也就自然而然地成为聚集古代苗族的哲学家、史学家、宗教家等诸大家之精华于一身的上层文化人，自古以来就一直受到苗族人民的信任、崇敬和尊重。

　　巴代文化简单说来就是3大仪式、2大体系、8大板块和37种文化。其包括了苗族生存发展、生产生活、伦理道德、物质精神等从里到表、方方面面、各个领域的文化。巴代文化必定成为有效地记录与传承苗族文化的载体、百科全书以及活态化石，必定成为带领苗族人民从远古一直走到今天的精神支柱和家园，必定成为苗族文化的根、魂、神、质、形、命的基因实质，必定成为具有苗族代表性的文化符号与文化品牌，必定成为苗族优秀的传统文化之一、神秘湘西的基本要素。

苗族的巴代文化与纳西族的东巴文化、羌族的释比文化、满族的萨满文化、汉族的儒家文化、藏族的甘珠尔等一样，是中华文明五千年的文化成分和民族文化大花园中的亮丽一簇，是苗族文化的本源井和柱标石。巴代文化的定位是苗族文化的全面归纳、科学总结与文明升华。

近代以来，由于种种原因，巴代文化濒临灭绝。为了抢救这种苗族传统文化，笔者在本家 32 代祖传所积累丰厚资料的基础上，又通过近 50 年以来对贵州、四川、湖南、湖北、重庆等省市周边有名望的巴代坛班走访交流，行程 10 多万公里，耗资 40 余万元，竭尽全家之精力、人力、财力、物力，全身心投入巴代文化资料的挖掘、搜集、整编译注、保护传承工作中，到目前已形成了 7 大类 76 本 2500 多万字及 4000 余幅仪式彩图的《湘西苗族民间传统文化丛书》（以下简称《丛书》），整理了 8000 多分钟的仪式影像、238 件套的巴代实物、1000 多分钟的仪式音乐等巴代文化资料数据库。该《丛书》已成为当今海内外唯一的苗族巴代文化资源库。

7 大类 76 本 2500 多万字及 4000 余幅仪式彩图的《丛书》在学术界也称得上是鸿篇巨制了。为了使读者能够在大体上了解这套《丛书》的基本内容，在此以概述的形式来逐集进行简介是很有必要的。

这套洋洋大观的《丛书》，是一个严谨而完整的不可分割的体系，按内容属性可分为 7 大类型。因整套《丛书》的出版分批进行，在出版过程中根据实际情况对《丛书》结构做了适当调整，调整后的内容具体如下：

第一类：基础篇。分别为：《许愿标志》《手诀》《巴代法水》《巴代道具法器》《文疏表章》《纸扎纸剪》《巴代音乐》《巴代仪式图片汇编》《湘西苗族民间传统文化丛书通读本》等。

第二类：苗师科仪。分别为：《接龙》（第一、二册），《汉译苗师通鉴》（第一、二、三册），《苗师通鉴》（第一、二、三、四、五、六、七、八册），《苗师"不青"敬日月车祖神科仪》（第一、二、三册），《敬家祖》，《敬雷神》，《吃猪》，《土昂找新亡》。

第三类：客师科仪。分别为：《客师科仪》(第一、二、三、四、五、六、七、八、九、十册)。

第四类：道师科仪。分别为：《道师科仪》(第一、二、三、四、五册)。

第五类：侧记篇之守护者。

第六类：苗族古歌。分别为：《古杂歌》，《古礼歌》，《古阴歌》，《古灰歌》，《古仪歌》，《古玩歌》，《古堂歌》，《古红歌》，《古蓝歌》，《古白歌》，《古人歌》，《汉译苗族古歌》(第一、二册)。

第七类：历代手抄本扫描。

本套《丛书》的出版将为抢救、保护、传承、研究这些濒临灭绝的苗族传统文化打牢基础、搭建平台和提供必需的条件；为研究苗族文化，特别是研究苗族巴代文化学、民族学、民俗学、民族宗教学等，以及这些学科的完善和建设做出贡献；为研究、关注苗族文化的专家学者以及来苗族地区的摄影者提供线索与方便。《丛书》的出版，将有力地填补苗族巴代文化学领域里的空缺和促进苗族传统文明、文化体系的完整，使苗族巴代文化成为中华民族文化大花园中的亮丽一簇。

石寿贵
2020 年秋于中国苗族巴代文化研究中心

前　言

　　"不青内、不青忙"，又可叫作"青内青忙"，苗语意为敬车祖神。苗语把圆形且能动的物体叫作"不青"或"青"，即车(轮)的意思。因为太阳和月亮的形状都是圆的，总是在天上不停地运动，于是人们便将太阳称为日车(阳车)，将月亮称为月车(阴车)。太阳和月亮是宇宙自然中最古老的车，人们便将它们称为车祖。因此，苗家将敬日月神又称为敬车祖神。

　　敬日月神分为敬日车祖神(阳车祖神)和敬月车祖神(阴车祖神)两种，敬日车祖神苗语为"不青内"("青内")，敬月车祖神苗语称为"不青忙"("青忙")。敬日车祖神("不青内")在白天进行，敬月车祖神("不青忙")在夜晚进行。

　　敬日月车祖神的原因大致如下：

　　按照传统观念，祭主家里的某人之所以染上久治不愈的疾病，或者家中频繁出现各种凶兆怪异等情况，是因为其家中先人(太祖、祖父或父辈)过去曾与他人发生过某种纠纷，道理辩不清，"理郎"断不明(古时苗族民间纠纷多靠"理郎"调解)，而与对方凭神赌下毒咒、发下毒誓、吃过赌血(猫血或鸡血)，己方理亏而殃及后代。

　　后人敬日月车祖神之目的主要有三：

　　其一，在先人吃血赌誓之时，所请来为凭作证、受理监督的神灵主要有日月山川、江河湖海等。在这神灵中以日月为大，它们无时无刻不在监督人间的一举一动。如今要消灾解难、消疾退病，必须请日月等神前来受领供奉，为户主隔去先人往昔所发过的毒咒毒誓，洗去先人往日所吃过的赌血，唯有如此，才能从根本上祛除疾病灾难的侵扰，达到清吉平安之目的。

其二，天地之间唯有日月光辉最强最大，人间的邪魔妖鬼躲在阴暗角落专门从事卑劣、低贱的祸害、捣乱行为，它们是见不得光的，敬奉日月神也就是企图借助日月之光芒来驱散鬼魅，达到康复平安、清泰吉利之目的。

其三，车有载运移走的功能。在敬奉日月车祖神的祭仪中有一堂专门喊怪异的法事，意思是把户主家所有的怪异凶兆、鬼魅恶煞都喊来集中，请上日月树、日月车，运载背走丢弃于日穴月洞、天涯海角（苗语谓之"哭内哭那"或"竹豆康内"），永不回头，如此才能使家中的灾难疾病断根。

主祭坛的摆设场景（石开林摄）

目 录

不青打扫灾煞仪式中的场景(石开林摄)

第三堂　他内·Tead neb·隔诅咒

【概述】

隔诅咒苗语叫作"他内"，意思是：户主家中之所以出现反常怪异现象或者是家内有人身患久治不愈的顽疾，恐怕是因其先宗先祖、过世了的父母与他人发生纠纷争斗时，或被他人用邪法诅咒，或与他人吃鸡血猫血发毒誓、赌毒咒所伤而致。因为其在诅咒毒誓的时候，按传统做法，往往都是请日月山川水泊湖海来为其见证的，因此，在祭祀日月神的时候，就要在日月神降临的时候，当其神之面将这些毒誓毒咒隔除，以求能从根本上消除灾祸，获得永久平安，康复吉利。

隔诅咒是在堂屋中进行的。巴代用香碗蜡烟、剪刀、长刀、手诀等作为道具，并要户主一人配合作祭。

【神辞】

(一) 苟窝齐苟他·Goub aob qib goub tab·用剪刀来剪诅咒

记约——夫服，
Jib yob—fud fud,
记约——夫服，
Jib yob—fud fud,
冬豆尼洽吉都，
Dongt dout nib qieax jib dud,

冬腊尼洽吉弟。

Dongt leas nib qieax jib dix.

味汉得事得录，

Web hanx det sid det lus,

味汉得章得萨。

Web hanx det zhuangb det sad.

几江几夫，

Jid jiangb jid fut,

几空几愿。

Jid kongt jid yanb.

吉白吉袍，

Jid bed jib baox,

吉总吉他。

Jib zongd jib teax.

吉都扛苟扛吾，

Jib dud gangb geub gangb wut,

吉弟扛内扛那。

Jib dix gangb nel gangb leax.

吉都麻巧，

Jib dud mab qioat,

吉弟麻加。

Jib dix mab jiad.

吉都水候，

Jib dud shuit heut,

吉弟水汉。

Jib dix shuit hanx.

吉都水久，

Jib dud shuit jus,

吉弟水够。

Jid dix shuit goub.

他拢列候几庆几瓜，

Teax nongd leb heux jid qiongt jid guab,

忙拢列候几他吉热。

Mangx nongd leb hex jid tead jib reb.

照拢求猛几候几弟，

Zhaob nongd quix mengb jid hex jib dix，

求猛苟追几楼几莎。

Quix mengb goud zhuix jid nhoub jid seab.

喂斗得寿、

Web doub deb shet、

斗抓冲到齐洞齐恩，

Doub zhuab chongx daox qib dongb qib ghongb，

剖弄告得、

Bout nongx ghaot deb、

斗尼冲到齐首齐闹。

Doub nib chongx daox qib sout qib laox.

龙斗得寿受松，

Longs doub deb shet shoux songt，

龙弄告得受萨。

Longs nongb ghaot deb shoux sead.

要先莎先麻头几初，

Yaox xiand sab xiand mab toub jid cul，

要木莎木麻汝吉仰。

Yaox mus seax mus mab rux jib yangd.

莎先补奶背苟麻穷，

Seax xiand but let bed geub mab qiongb，

补图告绒麻兰。

But tus ghaot rongs mab lab.

莎先图然告苟，

Sab xiand tus rab ghaox goub，

图绕比让。

Tux raob bid rangb.

当江告苟，

Dangl jiangb ghaox goub，

当就比让。

Dangl jux bid rangs.

留中留敏，

Liub zhongd liub miongl，

留周留将。

Liub zhoud liub jiangx.

包竹列拢炯先，

Baob zhus leb longs jiongb xiand，

包标列拢炯木。

Baob bioud leb longs jiongb mus.

得忙西吾笑斗——

Det mangb xil wut xiaox doub—

腊你虫兵、

Leas nit chongb biongb、

腊到先头，

Leas daox xiand toub，

度忙西补笑冬——

Dux mangb xit bus xiaox dongt—

腊炯虫兄、

Leas jiongx chongx xiongd、

腊到木汝。

Leas daox mus rux.

吉约夫——

Jib yob fud—

含月也——

Hanb yueb yed—

神韵——
世间就怕恶诅，人间就怕恶咒。
为那生活琐事，为那是非曲直。
不喜不服，不肯不愿。
相欺相斗，相争相骂。
恶诅送山送水，恶咒送日送月。
恶诅凶灾，恶咒凶祸。
恶诅会伤，恶咒会应。

恶诅会尽，恶咒会绝。

今天要来推开送掉，今日要来解开送落。

从此以后不伤不害，从今往后不禁不忌。

吾本弟子、左手拿得铜剪银剪，

我这师郎、右手拿得金剪铁剪。

和我弟子诵词，与吾师郎咏歌。

少气讨那长气来加，少福讨那洪福来添。

讨气三个大山陡山，三重峻岭尖岭。

讨气梨树村头，栗树寨尾。

湖泊村头，池塘寨尾。

井水井头，泉眼泉源。

进门要来赐气，进屋要来送福。

祭祖的户主家眷——

都在堂屋、都得长气，

敬神的东家眷属——

都在中堂、都得洪福。

神韵——

吉约夫——

Jib yob fud—

含月也——

Hanb yueb yed—

冬豆尼洽吉都，

Dongt dout nib qieax jib dud,

冬腊尼洽吉弟。

Dongt leas nib qieax jib dix.

味汉得事得录，

Web hanx det sid det lus,

味汉得章得萨。

Web hanx det zhuangb det sad.

几江几夫，

Jid jiangb jid fut,

几空几愿。

Jid kongt jid yanb.

吉白吉袍，

Jid bed jib baox，

吉总吉他。

Jib zongd jib teax.

吉都扛苟扛吾，

Jib dud gangb geub gangb wut，

吉弟扛内扛那。

Jib dix gangb nel gangb leax.

吉都麻巧，

Jib dud mab qioat，

吉弟麻加。

Jib dix mab jiad.

吉都水候，

Jib dud shuit heut，

吉弟水汉。

Jib dix shuit hanx.

吉都水久，

Jib dud shuit jus，

吉弟水够。

Jid dix shuit goub.

他拢列候几庆几瓜，

Teax nongd leb heux jid qiongt jid guab，

忙拢列候几他吉热。

Mangx nongd leb hex jid tead jib reb.

照拢求猛几候几弟，

Zhaob nongd quix mengb jid hex jib dix，

求猛苟追几楼几莎。

Quix mengb goud zhuix jid nhoub jid seab.

洽否浪剖娘吉标，

Qieax boub nangb pout nieas jib bioud，

内骂吉竹。

Ned max jid zhus.

剖娘挂从，

Pout nieas guax congb，

内骂挂上。

Niex max guax shangx.

剖娘挂从、

Pout nieas guax congb、

洽没穷猫达鸟，

Qieax meb qiongb maod dab niaob，

内骂挂上、

Ned max guax shangx、

洽没穷嘎达弄。

Qieax meb qiongx gad dab nongx.

吉赌背斗，

Jib dud bed doub，

吉弟嘎特。

Jib dix gad tex.

吉赌扛内，

Jib dud gangb net，

吉弟扛那。

Jib dix gangb lieax.

齐洞齐恩，

Qit dongb qit ghongb，

齐首齐闹。

Qit sout qit laox.

要先几嘎内浪归先归得，

Yaox xiand jid gad neb nangb guil xiand guil det，

要木几嘎内浪归木归嘎。

Yaox mus jid gad neb nangb guil mus guil gad.

列嘎否浪穷猫达鸟，

Leb gieat boub nangb qiongx maob dat niaob，

穷嘎达弄。

Qiongx gad dab nongx.

吉赌吉弟，

Jib dud jib dix,

加度加树。

Jiad dux jiad shux.

否你补瓦虐写、

Boub nit but weab nus xied、

候否嘎照补瓦虐写,

Heux woub gad zhaob but wab nus xied,

否炯补瓦虐善、

Boub jiongx but weab nus shait、

候否嘎照补瓦虐善。

Heux boub gad zhaob but weab nus shait.

候否几瓜苟扛纵闹纵叫,

Heux boub jid guab geud gangb zongb laox zongb jiaob,

候否吉热苟扛纵豆纵斗。

Heux boub jib reb geud gangb zongb doud zongb doub.

岁——

Suit——

齐洞齐恩不猛乙热内补,

Qib dongb qib ghongb bus mengb yis reb neb bus,

齐首齐闹不嘎依然内冬。

Qib sout qib laox bus gad yib rab neb dongt.

吉约夫——

Jib yob fud——

含月也——

Hanb yueb yed——

神韵——
世间就怕恶诅，人间就怕恶咒。
为那生活琐事，为那是非曲直。
不喜不服，不肯不愿。
相欺相斗，相争相骂。
恶诅送山送水，恶咒送日送月。
恶诅凶灾，恶咒凶祸。

恶诅会伤，恶咒会应。

恶诅会尽，恶咒会绝。

今天要来推开送掉，今日要来解开送落。

从此以后不伤不害，从今往后不禁不忌。

恐怕他家中的公婆，屋内的父母。

公婆亡早，父母殁快。

公婆亡早、怕有猫血毒诅，

父母殁快、怕有鸡血毒咒。

对火来赌，对炭发誓。

对日来赌，对月发誓。

铜剪银剪，金剪铁剪。

少气不剪人家的生气儿气，

少福不剪人家的洪福孙福。

要剪猫血毒诅，鸡血毒咒。

赌咒发誓，恶语凶言。

它在三层意念心肠中、把它剪在三层意念心肠中，

它在三层阴影肝肺内、把它剪在三层阴影肝肺内。

把它脱下要送过腿过脚，把它退去要送过臂过手。

岁——

铜剪银剪隔去他方别处，

金剪铁剪隔去他处别地。

神韵——

（二）苟母苟处苟他·Goub mub goub chub goub tab· 雄鹰大雕来隔

记约——夫服，

Jib yob—fud fud,

含月也——

Hanb yueb yed—

冬豆尼洽吉都，

Dongt dout nib qieax jib dud，

冬腊尼洽吉弟。

Dongt leas nib qieax jib dix.

味汉得事得录，

Web hanx det sid det lus，

味汉得章得萨。

Web hanx det zhuangb det sad.

几江几夫，

Jid jiangb jid fut，

几空几愿。

Jid kongt jid yanb.

吉白吉袍，

Jid bed jib baox，

吉总吉他。

Jib zongd jib teax.

吉都扛苟扛吾，

Jib dud gangb geub gangb wut，

吉弟扛内扛那。

Jib dix gangb nel gangb leax.

吉都麻巧，

Jib dud mab qioat，

吉弟麻加。

Jib dix mab jiad.

吉都水候，

Jib dud shuit heut，

吉弟水汉。

Jib dix shuit hanx.

古都水久，

Jib dud shuit jus，

吉弟水够。

Jid dix shuit goub.

他拢列候几庆几瓜，

Teax nongd leb heux jid qiongt jid guab，

忙拢列候几他吉热。

Mangx nongd leb hex jid tead jib reb.

照拢求猛几候几弟，

Zhaob nongd quix mengb jid hex jib dix,

求猛苟追几楼几莎。

Quix mengb goud zhuix jid nhoub jid seab.

喂斗得寿、

Web doub deb shet、

奈到呕偶苟母照几纠敏，

Naix daox out ghus geud mul zhaob jib jiub miongt,

剖弄告得、

Bout nongx ghaot det、

奈到呕偶苟处照几孺虐。

Naix daox out ghus goed chux zhaob jit rud nus.

龙斗得寿受松，

Longs doub deb shet shoux songt,

龙弄告得受萨。

Longs nongb ghaot deb shoux sead.

要先莎先麻头几初，

Yaox xiand sab xiand mab toub jid cul,

要木莎木麻汝吉仰。

Yaox mus seax mus mab rux jib yangd.

莎先补奶背苟麻穷，

Sab xiand but let bed geub mab qiongb,

补图告绒麻兰。

But tus ghaot rongs mab lab.

莎先图然告苟，

Sab xiand tus rab ghaox geub,

图绕比让。

Tux raob bid rangb.

当江告苟，

Dangl jiangb ghaox geub,

当就比让。

Dangl jux bid rangs.

留中留敏，

Liub zhongd liub miongl,

留周留将。

Liub zhoud liub jiangx.

包竹列拢炯先，

Baob zhus leb longs jiongb xiand,

包标列拢炯木。

Baob bioud leb longs jiongb mus.

得忙西吾笑斗——

Det mangb xil wut xiaox doub—

腊你虫兵、

Leas nit chongb biongb、

腊到先头，

Leas daox xiand toub,

度忙西补笑冬——

Dux mangb xit bus xiaox dongt—

腊炯虫兄、

Leas jiongx chongx xiongd、

腊到木汝。

Leas daox mus rux.

吉约夫——

Jib yob fud—

含月也——

Hanb yueb yed—

神韵——
世间就怕恶诅，人间就怕恶咒。
为那生活琐事，为那是非曲直。
不喜不服，不肯不愿。
相欺相斗，相争相骂。
恶诅送山送水，恶咒送日送月。
恶诅凶灾，恶咒凶祸。

恶诅会伤，恶咒会应。

恶诅会尽，恶咒会绝。

今天要来推开送掉，今日要来解开送落。

从此以后不伤不害，从今往后不禁不忌。

吾本弟子、喊得两只雄鹰从深山来，

我这师郎、喊得两只大雕从老林来。

和我弟子诵词，与吾师郎咏歌。

少气讨那长气来加，少福讨那洪福来添。

讨气三个大山陡山，三重峻岭尖岭。

讨气梨树村头，栗树寨尾。

湖泊村头，池塘寨尾。

井水井头，泉眼泉源。

进门要来赐气，进屋要来送福。

祭祖的户主家眷——

都在堂屋、都得长气，

敬神的东家眷属——

都在中堂、都得洪福。

神韵——

记约——夫服，

Jib yob—fud fud,

含月也——

Hanb yueb yed—

冬豆尼洽吉都，

Dongt dout nib qieax jib dud,

冬腊尼洽吉弟。

Dongt leas nib qieax jib dix.

味汉得事得录，

Web hanx det sid det lus,

味汉得章得萨。

Web hanx det zhuangb det sad.

几江几夫，

Jid jiangb jid fut,

几空几愿。

Jid kongt jid yanb.

吉白吉袍，

Jid bed jib baox，

吉总吉他。

Jib zongd jib teax.

吉都扛苟扛吾，

Jib dud gangb geub gangb wut，

吉弟扛内扛那。

Jib dix gangb nel gangb leax.

吉都麻巧，

Jib dud mab qioat，

吉弟麻加。

Jib dix mab jiad.

吉都水候，

Jib dud shuit heut，

吉弟水汉。

Jib dix shuit hanx.

吉都水久，

Jib dud shuit jus，

吉弟水够。

Jid dix shuit goub.

他拢列候几庆几瓜，

Teax nongd leb heux jid qiongt jid guab，

忙拢列候几他吉热。

Mangx nongd leb hex jid tead jib reb.

照拢求猛几候几弟，

Zhaob nongd quix mengb jid hex jib dix，

求猛苟追几楼几莎。

Quix mengb goub zhuix jid nhoub jid sab.

洽否浪剖娘吉标，

Qieax boub nangb pout nieas jib bioud，

内骂吉竹。

Ned max jid zhus.

剖娘挂从，

Pout niangs guax congb,

内骂挂上。

Ned max guax shangx.

剖娘挂从、

Pout nieas guax congb、

洽没穷猫达鸟，

Qieax meb qiongb maod dab niaob,

内骂挂上、

Ned max guax shangx、

洽没穷嘎达弄。

Qieax meb qiongx gad dab nongx.

吉赌背斗，

Jib dud bed doub,

吉弟嘎特。

Jib dix gad tex.

吉赌扛内，

Jib dud gangb net,

吉弟扛那。

Jib dix gangb lieax.

齐洞齐恩，

Qit dongb qit ghongb,

齐首齐闹。

Qit sout qit laox.

要先几嘎内浪归先归得，

Yaox xiand jid gad neb nangb guil xiand guil det,

要木几嘎内浪归木归嘎。

Yaox mus jid gad neb nangb guil mus guil gad.

列嘎否浪穷猫达鸟，

Leb gad boub nangb qiongx maob dat niaob,

穷嘎达弄。

Qiongx gieat dab nongx.

吉赌吉弟，

Jib dud jib dix，

加度加树。

Jiad dux jiad shux.

否你补瓦虐写、

Boub nit but weab nus xied、

候否嘎照补瓦虐写，

Heux boub gad zhaob but wab nus xied，

否炯补瓦虐善、

Woub jiongx but weab nus shait、

候否嘎照补瓦虐善。

Heux woub gad zhaob but weab nus shait.

候否几瓜苟扛纵闹纵叫，

Heux woub jid guab geud gangb zongb laox zongb jiaob，

候否吉热苟扛纵豆纵斗。

Heux boub jib reb geud gangb zongb doud zongb doub.

岁——

Suit—

齐洞齐恩不猛乙热内补，

Qib dongb qib ghongb bus mengb yis reb neb bus，

齐首齐闹不嘎依然内冬。

Qib sout qib laox bus gad yib rab neb dongt.

吉约夫——

Jib yob fud—

含月也——

Hanb yueb yed—

    神韵

    世间就怕恶诅，人间就怕恶咒。

    为那生活琐事，为那是非曲直。

    不喜不服，不肯不愿。

    相欺相斗，相争相骂。

    恶诅送山送水，恶咒送日送月。

恶诅凶灾，恶咒凶祸。

恶诅会伤，恶咒会应。

恶诅会尽，恶咒会绝。

今天要来推开送掉，今日要来解开送落。

从此以后不伤不害，从今往后不禁不忌。

恐怕他家中的公婆，屋内的父母。

公婆亡早，父母殁快。

公婆亡早、怕有猫血毒诅，

父母殁快、怕有鸡血毒咒。

对火来赌，对炭发誓。

对日来赌，对月发誓。

雄鹰大雕。

少气不叨人家的生气儿气，

少福不叨人家的洪福孙福。

要叨猫血毒诅，鸡血毒咒。

赌咒发誓，恶语凶言。

它在三层意念心肠中、把它叨在三层意念心肠中，

它在三层阴影肝肺内、把它叨在三层阴影肝肺内。

把它脱下要送过腿过脚，把它退去要送过臂过手。

岁——

雄鹰叨去他方别处，

大雕叨去他处别地。

神韵——

（三）加豆固到苟他·**Jiab dout gub daob goub tad**·吞口吞嘴来隔

吉约夫——

Jib yob fud—

含月也——

Hanb yueb yed—

喂斗得寿、

Web doub deb shet、

奈到加豆照几竹豆，

Naix daox jiad dout zhaob jid zhus dout，

剖弄告得、

Bout nongx ghaot det、

奈到固到照几康内。

Naix daox gus daox zhaob jid kangx neb.

龙斗得寿受松，

Longs doub deb shet shoux songt，

龙弄告得受萨。

Longs nongb ghaot deb shoux sead.

要先莎先麻头几初，

Yaox xiand seax xiand mab toub jid cul，

要木莎木麻汝吉仰。

Yaox mus sab mus mab rux jib yangd.

莎先补奶背苟麻穷，

Sab xiand but let bed geud mab qiongb，

补图告绒麻兰。

But tus ghaot rongs mab lab.

莎先图然告苟，

Sab xiand tus rab ghaox geub，

图绕比让。

Tux raob bid rangb.

当江告苟，

Dangl jiangb ghaox goub，

当就比让。

Dangl jux bid rangs.

留中留敏，

Liub zhongd liub miongl，

留周留将。

Liub zhoud liub jiangx.

包竹列拢炯先，

Baob zhus leb longs jiongb xiand，

包标列拢炯木。

Baob bioud leb longs jiongb mus.

得忙西吾笑斗——

Det mangb xil wut xiaox doub—

腊你虫兵、

Leas nit chongb biongb、

腊到先头，

Leas daox xiand toub，

度忙西补笑冬——

Dux mangb xit bus xiaox dongt—

腊炯虫兄、

Leas jiongx chongx xiongd、

腊到木汝。

Leas daox mus rux.

吉约夫——

Jib yob fud—

含月也——

Hanb yueb yed—

神韵——
吾本弟子、喊得吞口从天涯来，
我这师郎、喊得吞嘴从海角来。①
和我弟子诵词，与吾师郎咏歌。
少气讨那长气来加，少福讨那洪福来添。
讨气三个大山陡山，三重峻岭尖岭。
讨气梨树村头，栗树寨尾。
湖泊村头，池塘寨尾。
井水井头，泉眼泉源。
进门要来赐气，进屋要来送福。
祭祖的户主家眷——
都在堂屋、都得长气，
敬神的东家眷属——
都在中堂、都得洪福。

神韵——

注：① 吞口、吞嘴——传说中的吞鬼大王，咬鬼大将，是专门吞啖凶鬼恶怪的大神。

吉约夫——

Jib yob fud—

含月也——

Hanb yueb yed—

冬豆尼洽吉都，

Dongt dout nib qieax jib dud，

冬腊尼洽吉弟。

Dongt leas nib qieax jib dix.

味汉得事得录，

Web hanx det sid det lus，

味汉得章得萨。

Web hanx det zhuangb det sad.

几江几夫，

Jid jiangb jid fut，

几空几愿。

Jid kongt jid yanb.

吉白吉袍，

Jid bed jib baox，

吉总吉他。

Jib zongd jib teax.

吉都扛苟扛吾，

Jib dud gangb geub gangb wut，

吉弟扛内扛那。

Jib dix gangb niex gangb leax.

吉都麻巧，

Jib dud mab qioat，

吉弟麻加。

Jib dix mab jiad.

吉都水候，

Jib dud shuit heut，

吉弟水汉。

Jib dix shuit hanx.

吉都水久，

Jib dud shuit jus，

吉弟水够。

Jid dix shuit goub.

他拢列候几庆几瓜，

Teax nongd leb heux jid qiongt jid guab，

忙拢列候几他吉热。

Mangx nongd leb hex jid tead jib reb.

照拢求猛几候几弟，

Zhaob nongd quix mengb jid hex jib dix，

求猛苟追几楼几莎。

Quix mengb goud zhuix jid nhoub jid seab.

洽否浪剖娘吉标，

Qieax boub nangb pout nieas jib bioud，

内骂吉竹。

Neb max jid zhus.

剖娘挂从，

Pout nieas guax congb，

内骂挂上。

Ned max guax shangx.

剖娘挂从、

Pout nieas guax congb、

洽没穷猫达鸟，

Qieax meb qiongb maod dab niaob，

内骂挂上、

Niex max guax shangx、

洽没穷嘎达弄。

Qieax meb qiongx gad dab nongx.

吉赌背斗，

Jib dud bed doub，

吉弟嘎特。

Jib dix gead tex.

吉赌扛内，

Jib dud gangb net,

吉弟扛那。

Jib dix gangb lieax.

齐洞齐恩，

Qit dongb qit ghongb,

齐首齐闹。

Qit sout qit laox.

要先几嘎内浪归先归得，

Yaox xiand jid gad neb nangb guil xiand guil det,

要木几嘎内浪归木归嘎。

Yaox mus jid gad neb nangb guil mus guil gad.

列嘎否浪穷猫达鸟，

Leb gad boub nangb qiongx maob dat niaob,

穷嘎达弄。

Qiongx gad dab nongx.

吉赌吉弟，

Jib dud jib dix,

加度加树。

Jiad dux jiad shux.

否你补瓦虐写、

Woub nit but weab nus xied、

候否嘎照补瓦虐写，

Heux boub gad zhaob but wab nus xied,

否炯补瓦虐善、

Woub jiongx but weab nus shait、

候否嘎照补瓦虐善。

Heux boub gad zhaob but weab nus shait.

候否几瓜苟扛纵闹纵叫，

Heux boub jid guab geud gangb zongb laox zongb jiaob,

候否吉热苟扛纵豆纵斗。

Heux woub jib reb geud gangb zongb doud zongb doub.

岁——

Suit—

齐洞齐恩不猛乙热内补，

Qib dongb qib ghongb bus mengb yis reb neb bus，

齐首齐闹不嘎依然内冬。

Qib sout qib laox bus gad yib rab neb dongt.

吉约夫——

Jib yob fud—

含月也——

Hanb yueb yed—

 神韵——
 世间就怕恶诅，人间就怕恶咒。
 为那生活琐事，为那是非曲直。
 不喜不服，不肯不愿。
 相欺相斗，相争相骂。
 恶诅送山送水，恶咒送日送月。
 恶诅凶灾，恶咒凶祸。
 恶诅会伤，恶咒会应。
 恶诅会尽，恶咒会绝。
 今天要来推开送掉，今日要来解开送落。
 从此以后不伤不害，从今往后不禁不忌。
 恐怕他家中的公婆，屋内的父母。
 公婆亡早，父母殁快。
 公婆亡早、怕有猫血毒诅，
 父母殁快、怕有鸡血毒咒。
 对火来赌，对炭发誓。
 对日来赌，对月发誓。
 吞口吞嘴。
 少气不吞人家的生气儿气，
 少福不吞人家的洪福孙福。
 要吞猫血毒诅，鸡血毒咒。

赌咒发誓，恶语凶言。

它在三层意念心肠中、把它吞在三层意念心肠中，

它在三层阴影肝肺内、把它吞在三层阴影肝肺内。

把它脱下要送过腿过脚，把它退去要送过臂过手。

岁——

吞口吞去他方别处，

吞嘴吞去他处别地。

神韵——

（四）巴代龙度标拢他·Bab diat longb dub bioud longb tas·师郎和户主来隔

吉约夫——

Jib yob fud—

含月也——

Hanb yueb yed—

喂斗得寿、

Web doub deb shet、

腊龙度标阿苟休单达告竹鲁，

Leas longs dub bioud ab geud xiut dand dab ghaox zhus lux，

剖弄告得、

Bout nongx ghaot deb、

腊龙度竹阿苟休单达告竹嘴。

Leas longs dux zhus ab geud xiut dand dab ghaox zhus zuid.

龙斗得寿受松，

Longs doub deb shet shoux songt，

龙弄告得受萨。

Longs nongb ghaot deb shoux sead.

要先莎先麻头几初，

Yaox xiand sab xiand mab toub jid cul，

要木莎木麻汝吉仰。

Yaox mus seax mus mab rux jib yangd.

莎先补奶背苟麻穷，

Sab xiand but let bed geub mab qiongb，

补图告绒麻兰。

But tus ghaot rongs mab lab.

莎先图然告苟，

Sab xiand tus rab ghaox goub，

图绕比让。

Tux raob bid rangb.

当江告苟，

Dangl jiangb ghaox geub，

当就比让。

Dangl jux bid rangs.

留中留敏，

Liub zhongd liub miongl，

留周留将。

Liub zhoud liub jiangx.

包竹列拢炯先，

Baob zhus leb longs jiongb xiand，

包标列拢炯木。

Baob bioud leb longs jiongb mus.

得忙西吾笑斗——

Det mangb xil wut xiaox doub—

腊你虫兵、

Leas nit chongb biongb、

腊到先头，

Leas daox xiand toub，

度忙西补笑冬——

Dux mangb xit bus xiaox dongt—

腊炯虫兄、

Leas jiongx chongx xiongd、

腊到木汝。

Leas daox mus rux.

吉约夫——

Jib yob fud—

含月也——

Hanb yueb yed—

神韵——

吾本弟子、与这主人一起站到神堂,

我这师郎、和这东家一起站临祭坛。

和我弟子诵词,与吾师郎咏歌。

少气讨那长气来加,少福讨那洪福来添。

讨气三个大山陡山,三重峻岭尖岭。

讨气梨树村头,栗树寨尾。

湖泊村头,池塘寨尾。

井水井头,泉眼泉源。

进门要来赐气,进屋要来送福。

祭祖的户主家眷——

都在堂屋、都得长气,

敬神的东家眷属——

都在中堂、都得洪福。

神韵——

吉约夫——

Jib yob fud—

含月也——

Hanb yueb yed—

冬豆尼洽吉都,

Dongt dout nib qieax jib dud,

冬腊尼洽吉弟。

Dongt leas nib qieax jib dix.

味汉得事得录,

Web hanx det sid det lus,

味汉得章得萨。

Web hanx det zhuangb det sad.

几江几夫，

Jid jiangb jid fut，

几空几愿。

Jid kongt jid yanb.

吉白吉袍，

Jid bed jib baox，

吉总吉他。

Jib zongd jib teax.

吉都扛苟扛吾，

Jib dud gangb geub gangb wut，

吉弟扛内扛那。

Jib dix gangb niex gangb leax.

吉都麻巧，

Jib dud mab qioat，

吉弟麻加。

Jib dix mab jiad.

吉都水候，

Jib dud shuit heut，

吉弟水汉。

Jib dix shuit hanx.

吉都水久，

Jib dud shuit jus，

吉弟水够。

Jid dix shuit goub.

他拢列候几庆几瓜，

Teax nongd leb heux jid qiongt jid guab，

忙拢列候几他吉热。

Mangx nongd leb hex jid tead jib reb.

照拢求猛几候几弟，

Zhaob nongd quix mengb jid hex jib dix，

求猛苟追几楼几莎。

Quix mengb goud zhuix jid nhoub jid seab.

洽否浪剖娘吉标，

Qieax boub nangb pout nieas jib bioud,

内骂吉竹。

Neb max jid zhus.

剖娘挂从，

Pout nieas guax congb,

内骂挂上。

Ned max guax shangx.

剖娘挂从、

Pout nieas guax congb、

洽没穷猫达鸟，

Qieax meb qiongb maod dab niaob,

内骂挂上、

Ned max guax shangx、

洽没穷嘎达弄。

Qieax meb qiongx gad dab nongx.

吉赌背斗，

Jib dud bed doub,

吉弟嘎特。

Jib dix gead tex.

吉赌扛内，

Jib dud gangb niex,

吉弟扛那。

Jib dix gangb lieax.

齐洞齐恩，

Qit dongb qit ghongb,

齐首齐闹。

Qit sout qit laox.

要先几嘎内浪归先归得，

Yaox xiand jid gad neb nangb guil xiand guil det,

要木几嘎内浪归木归嘎。

Yaox mus jid gad neb nangb guil mus guil gad.

列嘎否浪穷猫达鸟，

Leb gad boub nangb qiongx maob dat niaob,

穷嘎达弄。

Qiongx gad dab nongx.

吉赌吉弟,

Jib dud jib dix,

加度加树。

Jiad dux jiad shux.

否你补瓦虐写、

Woub nit but weab nus xied、

候否嘎照补瓦虐写,

Heux boub gad zhaob but wab nus xied,

否炯补瓦虐善、

Woub jiongx but weab nus shait、

候否嘎照补瓦虐善。

Heux boub gad zhaob but weab nus shait.

候否几瓜苟扛纵闹纵叫,

Heux boub jid guab geud gangb zongb laox zongb jiaob,

候否吉热苟扛纵豆纵斗。

Heux woub jib reb geud gangb zongb doud zongb doub.

岁——

Suit—

白猛乙热内补,

Bed mengb yis reb neb bus,

白嘎依然内冬。

Bed gad yis rab neb dongt.

吉约夫——

Jib yob fud—

含月也——

Hanb yueb yed—

神韵——
世间就怕恶诅,人间就怕恶咒。
为那生活琐事,为那是非曲直。
不喜不服,不肯不愿。

相欺相斗，相争相骂。

恶诅送山送水，恶咒送日送月。

恶诅凶灾，恶咒凶祸。

恶诅会伤，恶咒会应。

恶诅会尽，恶咒会绝。

今天要来推开送掉，

今日要来解开送落。

从此以后不伤不害，

从今往后不禁不忌。

恐怕他家中的公婆，

屋内的父母。

公婆亡早，父母殁快。

公婆亡早、怕有猫血毒诅，

父母殁快、怕有鸡血毒咒。

对火来赌，对炭发誓。

对日来赌，对月发誓。

弟子东家，师郎主人。

少气不翻人家的生气儿气，

少福不翻人家的洪福孙福。

要翻猫血毒诅，鸡血毒咒。

赌咒发誓，恶语凶言。

它在三层意念心肠中、把它翻在三层意念心肠中，

它在三层阴影肝肺内、把它翻在三层阴影肝肺内。

把它脱下要送过腿过脚，把它退去要送过臂过手。

岁——

翻去他方别处，翻去他处别地。

神韵——

（注：巴代与户主双手牵住转圈到大门口朝外吐口水即止。）

（五）苟同棍苟他·Goud tongb ghunt goud tab·用长刀来隔

吉约夫——

Jib yob fud—

含月也——

Hanb yueb yed—

喂斗得寿、

Web doub deb shet、

斗抓冲到猛龙茶首，

Doub zhuab chongx daox mengb longs cat sout，

剖弄告得、

Bout nongx ghaox deb、

斗尼冲到猛同茶闹。

Doub nit chongx daox mengb tongb cat laox.

阿标林休、

Ad bioud liongs xut、

产豆几没良能斗标，

Cant dout jid meb lias nongb doub bioud，

阿竹共让、

Ad zhus gongx rangx、

吧就几没良同柔纵。

Bax jux jid meb lias nongb roub zongb.

他拢良能斗标、

Teax nongd lias nongb doub bioud、

列良猫果猫乖，

Lieb lias maod geut maod gweit，

他拢良同柔纵、

Teax nongd lias tongb roub zongb、

列良猫花猫竹。

Lieb lias maod huad maod zhus.

得忙西吾笑斗、

Det mangb xit wut xiaox doub、

产豆儿没儿抓猛能茶首，

Cant dout jid meb jid zhuab mengb nongb cat sout，

度忙西补笑冬、

Dux mangb xid bus xiaox dongt、

吧就儿没儿钟猛同茶闹。

Bax jux jid meb jid zhongd mengb dongb cat laox.

他拢否拢儿抓猛能茶首、

Teax nongd boub longs jid zhuab mengb nongb cat sout、

尼陇儿抓剖娘浪古，

Nil longs jid zhuab bout nias nangb gus，

他拢否拢吉钟猛同茶闹、

Teax nongd bout longs jib zhongd mengb tongb cat laox、

尼陇吉钟内骂浪穷。

Nil longs jib zhongd ned max nangb qiongd.

几候几底，

Jid hex jib dix，

几楼几杀。

Jid loub jid shab.

吉约夫——

Jib yob fud—

含月也——

Hanb yueb yed—

（注：把刀刃朝天顺摆在堂屋中，让户主从上跨越两次即可。）

神韵——
吾本弟子、左手拿得大刀铁刃，
我这师郎、右手拿得利刃长刀。
一家大小、千年没有拖刃家中，
一屋老幼、百载没有拖刃宅内。
今天拖刃家中、是拖白猫黑猫，
今日拖刃宅内、是拖花猫绿猫。

祭祖的户主、千年没有跨越大刀铁刃，
敬神的东家、百载没有跨越利刃长刀。
今天他来跨越大刀铁刃、
是来跨越先祖所赌(吃)过的血咒，
今日他来跨越利刃长刀、
是来跨越先宗所发过的毒誓。
不伤不损，不禁不忌。
神韵——

（六）巴代拢他 · **Bab diat longb tab** · 巴代来隔

吉约夫——

Jib yob fud—

含月也——

Hanb yueb yed—

喂斗得寿、

Weib doub deb shet、

产豆儿没儿抓猛能茶首，

Cant dout jid meb jid zhuab mengb nongb cat sout，

剖弄告得、

Bout nongx ghaot deb、

吧就儿没儿钟猛同茶闹。

Bax jux jid meb jid zhongd mengb tong cant laox.

他拢喂拢儿抓猛能茶首、

Teax nongd weib longs jid zhuab mengb nongb cat sout、

尼陇儿抓喂浪灾松，

Nil longs jid zhuab web nangb zaid songd，

他拢剖拢吉钟猛同茶闹、

Teax nongd bout longs jib zhongd mengb tongb cat laox、

尼陇吉钟剖浪吧奈。

Nil longs jib zhongd bout nangb bax naix.

几候几底，

Jid hex jib dix,

几楼几杀。

Jid loub jid shab.

喂拢几抓喂到先头，

Weib longs jid zhuab web daox xiand toub,

剖拢吉中剖到木汝。

Bout nongd jib zhongd bout daox mus rux.

吉约夫——

Jib yob fud—

含月也——

Hanb yueb yed—

神韵——

吾本弟子、千年没有跨越大刀铁刃，

我这师郎、百载没有跨越利刃长刀。

今天我来跨越大刀铁刃、是来跨越我的灾星，

今日我来跨越利刃长刀、是来跨越我的百难。

不伤不损，不禁不忌。

我来跨越我得长寿，我来跨过我得洪福。

神韵——

第四堂　龙白报堂·Nongb beb baob tangb·吃进堂粑

【概述】

　　苗族自古以来就是一个热情好客的民族。当把神灵请到祭堂之后，因为此时离供羊宰杀修净、切割煮熟还有很长的一段时间，时间久了怕冷落了神灵，故在神灵一到堂内后，马上就要先送一餐入堂粑，以示热情好客。

　　敬入堂粑又叫"能没斩"，先在大桌上诵辞摇铃，持卦作祭。内容包括讲酒肉糍粑等供品让祖神听，在博得神灵欢喜之后，请求神灵给东家户主赐寿喜福禄，金银财宝，五谷丰登，六畜兴旺。然后隔鬼魅恶煞，在祈福赶鬼之后，便可以敬送吃喝了。

　　敬送吃喝的时候，主人双手捧酒碗于胸前，不间断地上下游动着，等巴代放下骨卦的时候，便对酒碗吹一口气，然后将酒碗放回桌上，再去捧下一碗，直到敬完九呈或七呈为止。小桌也是一样的敬法，但只有五碗而已。

【神辞】

（一）巴高度·Bad gaox dux·开头语

阿酒——阿酒。

Ab jiux—ab jiux.

补然补充纵豆拢久，

But rab but congd zongb dout longs jub,

补充补到纵腊拢半。

But congd but daox zongb leas longs banb.

单得单图拢约，

Dand deb dand tub longs yod，

单图单羊拢送。

Dand tub dand yangs longs songb.

埋拢埋林，

Maib longs maib liongs，

埋送埋浓。

Maib songx maib niongx.

拢单洞剖列岔汝松，

Longs dand dongx bout leb chax rux songx，

拢送洞喂列岔汝莎。

Longs songx dongx web leb chax rux sad.

然鸟——

Rab niaob—

"帕竹林豆几内，

"Pad zhus liongs dout jid net，

浓出林且吉虐"。

Niongx chud liongs quex jib nub ".

（"拔竹岭豆几内，

（"Pad zhus liongs deub jid neb，

浓竹林且吉虐"）

Niongx zhus liongs qued jib nus "）

补热声棍纵豆拢久，

But reb shongt ghunt zongb dout longs jus，

补然弄猛纵腊拢板。

But rab nongx mengb zongb leas longs banb.

纵豆你瓦几北偷楼，

Zongb dout nit weab jid bed toud loub，

炯龙吉走偷嘴。

Jiongx longs jib zout toud zuid.

几达然鸟嘎修，

Jid dab rab niaob gad xiud，

吉炯达奈嘎闹。

Jib jiongx dab naix gad laox.

你当喂斗得寿、

Nil dand weib doub deb shet、

然鸟纵豆列袍扛服，

Rab niaob zongb dout leb beb gangb fus，

炯当剖弄告得、

Jiongx dangd bout nongx ghaot deb、

弄奈纵腊列奈扛龙。

Nongx naix zongb leas leb naix gangb nongb.

埋你埋当，

Maib nit maib dangb，

埋炯埋留。

Maib jiongx maib liub.

阿酒——阿酒。

Ab jiux—ab jiux.

神韵——

三迎三请来到这里，三请三次来临此间。

到堂到场来了，到堂到殿来了。

你们来到你们为大，你们请到你们为尊。

到了要听我们吟这好诗，到来要听我们唱这好歌。

奉请——

"最古的白天女车祖，最老的白日男车神"。

（"最古的白天女车祖，最老的白日男车神"）

三番神腔、来到凡间，

三次神韵、光临凡尘。

来到请坐祭祖桌旁，光临请坐敬神案边。

同日有请莫起，同时有敬莫去。

稍等吾本弟子、奉请到齐要供给喝，

稍待我这师郎、奉迎到全要敬送吃。

你们稍等，敬请稍候。

神韵——

然鸟——

Rab niaob—

内棍青，

Ned ghunt qiongd,

骂棍留。

Max ghunt liu.

内和和，

Ned huob huob,

骂格格。

Max gib gib.

纠舍斗妻郎苟，

Jiub shet doub qud liangd geud,

弄力郎绒。

Nongx lis liangb rongb.

（炯舍斗妻郎苟，

（Jiongx shet doub qud liangb geub,

弄力郎绒。）

Nongx lis liangb rongb。）

偷楼归容，

Toud loub guil rongb,

松梅千曹。

Songd meb qiand caob.

补热声棍纵豆拢久，

But reb shongt ghunt zongb dout longs jus,

补然弄猛纵腊拢板。

But rab nongx mengb zongb leas longs banb.

纵豆你瓦几北偷楼，

Zongb dout nit weab jid bed teut loub,

炯龙吉走偷嘴。

Jiongx longs jib zout teut zuid.

几达然鸟嘎修，

Jid dab rab niaob gad xiut,

吉炯达奈嘎闹。

Jib jiongx dab naix gad laox.

你当喂斗得寿、

Nil dand weib doub deb shet、

然鸟纵豆列袍扛服,

Rab niaob zongb dout leb beb gangb fus,

炯当剖弄告得、

Jiongx dangd bout nongx ghaot deb、

弄奈纵腊列奈扛龙。

Nongx naix zongb leas leb naix gangb longs.

埋你埋当,

Maib nit maib dangb,

埋炯埋留。

Maib jiongx maib liub.

阿酒——阿酒。

Ab jiux—ab jiux.

　　奉请——

　　"娘车祖,爷车神。

　　娘忙忙,爷急急。

　　九层赶鬼走山,消灾走岭。①

　　(七层赶鬼走山,消灾走岭。)

　　赶鬼归穴,消灾归洞"。②

　　三番神腔、来到凡间,

　　三次神韵、光临凡尘。

　　来到请坐边屋桌旁,光临请坐副坛案边。

　　同日有请莫起,同时有敬莫去。

　　稍等吾本弟子、奉请到齐要供给喝,

　　稍待我这师郎、奉迎到全要敬送吃。

　　你们稍等,敬请稍候。

　　神韵——

　　注:① 九层赶鬼走山,消灾走岭——指把户主家中的鬼怪灾难赶到九层的深山老林里面去,不再祸害户主。

②赶鬼归穴，消灾归洞——指把户主家中的鬼怪灾难赶到日月洞穴（天涯海角）里面去，让户主永享太平。

然鸟——

Rab niaob—

便告斗补、

Bieat ghaox doub bus、

照告然冬、

Zhaob ghaox rab dongt、

棍缪棍昂、

Ghunt mioub ghunt ghangb、

得寿产娥棍空、

Deb shet cant eb ghunt kongt.

录汝吧图棍得。

Nus rux bax tux ghunt deb.

补热声棍，

But reb shongt ghunt，

纵豆拢久，

Zongb dout longs jus，

补然弄猛，

But rab nongx mengb，

纵腊拢板。

Zongb leas longs banb.

纵你瓦意记送斗，

Zongb nib weab yib jib songx doub，

炯龙以打穷炯。

Jiongx longs yit dat qiongx jiongb.

你瓦喂斗得寿，

Nit weab web doub deb shet，

炯龙剖弄告得。

Jiongx longs bout nongx gaox deb.

几达然鸟嘎修，

Jid dab rab niaob gad xiut，

吉烔达奈嘎闹。

Jib jiongx dab naix gad laox.

阿酒——阿酒。

Ab jiux—ab jiux.

奉请——

五方土地、

六面龙神、鱼神肉神、

弟子的千位祖师、尊贵的百位宗师。

三番神腔，来到凡间，

三次神韵，光临凡尘。

来到坐享纸团糠香，

光临坐受蜂蜡糠烟。

坐拥吾本弟子，守护我这师郎。

同日有请莫起，同时有敬莫去。

神韵——

纵豆抽力纠奶达齐这汝，

Zongb dout choud lis jiub let dab qit zheux rux,

纠图达恩泻格。

Jiub tub dab ghongb xiex gieb.

（纵豆抽力烔奶达齐这汝，

（Zongb dout choud lis jiongb let dab qit zheux rux,

烔图达恩泻格。）

Jiongb tub dab ghongb xiex gieb.)

没酒达碗，

Met jiud dab wanb,

让酒达叫，

Rangb jiud dab jiaox,

抽力江林纠奶达齐这汝，

Choud lib jiang liongs jiub let dab qit zheux rux,

江照纠图达恩泻格。

Jiangb zhaob jiub tub dab ghongb xiex gieb.

（抽力江林炯奶达齐这汝，

（Choud lib jiangb liongs jiongb let dab qit zheux rux，

江照炯图达恩泻格。）

Jiangb zhaob jiongb tub dab ghongb xiex gieb.)

阿酒——阿酒。

Ab jiux—ab jiux.

临凡翻开大桌上的九只好碗净碗，九个金碗银碗。

（临凡翻开大桌上的七只好碗净碗，七个金碗银碗。）

取酒大锅，倒酒大鼎。

倒在九只好碗净碗，斟在九个金碗银碗。

（倒在七只好碗净碗，斟在七个金碗银碗。）

神韵——

抽力便达便斗，

Choud lib bieat dab bieat doub，

便这便秋。

Bieat zheux bieat qiux.

没酒达碗，

Met jiud dab wanb，

让酒达叫。

Rangb jiud dab jiaob.

抽力江林便达便斗，

Choud lib jiangb liongs bieat dab bieat doub，

江照便这便秋。

Jiangb zhaob bieat zheux bieat quix.

阿酒——阿酒。

Ab jiux—ab jiux.

翻开小桌上的五碗，副坛上的五盘。

取酒大锅，倒酒大鼎。

斟在小桌五碗，斟在副坛五盘。

神韵——

猛纵扑内纠散这酒，

Mengb zongb pud neb jiub sant zheux jiud，

纠然龙弄。

Jiub rab longs nongb.

（猛纵扑内炯散这酒，

（Mengb zongb pud neb jiongx sant zheux jiud，

炯然龙弄。）

Jiongb rab longs nongb.）

酒豆酒江，

Jiud dout jiud jiangb，

酒江酒明。

Jiud jiangb jiud miongb.

公色纠如，

Gongb seid jiux rus，

傩然纠柔。

Nus ranx jiub reub.

（公色纠如，

（Gongb seid jiub rus，

傩然纠柔。）

Nus ranx jiub reub.）

昂斩几锐公色，

Ghab zaib jid ruib gongb seid，

公色傩然。

Gongb seid nus ranx.

扑内苟扛拔竹林豆几内，

Pud nieb geud gangb pead zhus liongs dout jid net，

浓竹林且吉虐。

Niongx zhus longs quex jib nus.

（扑内苟扛拔竹林豆布目，

（Pud nieb geud gangb pead zhus liongs dout bub mus，

浓竹林且则厄。）

Niongx zhus liongs quex zeix ngieb.）

几最奶江，

Jid zuib let jiangb,

埋汉莎江。

Maib hanx sab jiangb.

几最奶久，

Jid zuib let jub,

埋汉莎久。

Maix hanx seax jub.

汝江汝久，

Rux jiangb rux jub,

汝久汝板。

Rux jub rux banb.

江久吉相扛服，

Jiangb jub jid xiangt gangb fub,

江板吉相扛龙。

Jiangb banb jid xiangt gangb nongb.

阿酒——阿酒。

Ab jiux—ab jiux.

大桌讲人的九呈供酒，九献敬酒。

（大桌讲人的七呈供酒，七献敬酒。）

供酒甜酒，甜酒香酒。

糍粑九堆，糯粑九柱。

（糍粑七堆，糯粑七柱。）

下糍粑的肉，糍粑糯供。

讲这来送"最古的白天女车祖，

最老的白日男车神"。

（"最古的白天女车祖，最老的白日男车神"。）

齐齐皆喜，你们皆喜。

齐齐皆爱，你们皆爱。

好欢好喜，好喜好爱。

喜了还没给喝，爱了还未送吃。

神韵——

便斗扑内便散这酒，

Bieat doub pud neb bieat sant zheux jiud，

便然龙弄。

Bieat rab longs nongx.

酒豆酒江，

Jiud dout jiud jiangb，

酒江酒明。

Jiud jiangb jiud miongb.

公色便如，

Gongb seid bieat rub，

傩然便柔。

Nus ranx bieat reub.

昂斩几锐公色，

Ghab zaib jid ruib gongb seid，

公色傩然。

Gongb seid nus ranx.

扑内苟扛——

Pud neb geud gangb—

骂棍留。

Max ghunt liu.

内和和，

Ned huob huob，

骂格格。

Max gib gib.

纠舍斗妻郎苟，

Jiub shet doub qud liangd geub，

弄力郎绒。

Nongx lis liangb rongb.

（炯舍斗妻郎苟，

（Jiongx shet doub qud liangb geub，

弄力郎绒。）

Nongx lis liangb rongb.）

偷楼归容，

Toud loub guil rongb,

松梅千曹。

Songd meb qiand caob.

几最奶江,

Jid zuib let jiangb,

埋汉莎江。

Maib hanx seax jiangb.

几最奶久,

Jid zuib let jub,

埋汉莎久。

Maix hanx seax jub.

汝江汝久,

Rux jiangb rux jub,

汝久汝板。

Rux jub rux banb.

江久吉相扛服,

Jiangb jub jid xiangt gangb fub,

江板吉相扛龙。

Jiangb banb jid xiangt gangb nongb.

阿酒——阿酒。

Ab jiux—ab jiux.

小桌讲人的五呈供酒,五献敬酒。

供酒甜酒,甜酒香酒。

糍粑五堆,糯粑五柱。

下糍粑的肉,糍粑糯供。

讲这来让——

"娘车祖,爷车神。

娘忙忙,爷急急。

九层赶鬼走山,消灾走岭。①

(七层赶鬼走山,消灾走岭。)

赶鬼归穴,消灾归洞"。②

齐齐皆喜,你们皆喜。

齐齐皆爱，你们皆爱。

好欢好喜，好喜好爱。

喜了还没给喝，爱了还未送吃。

神韵——

注：① 九层赶鬼走山，消灾走岭——指把户主家中的鬼怪灾难赶到九层的深山老林里面去，不再祸害户主。

② 赶鬼归穴，消灾归洞——指把户主家中的鬼怪灾难赶到日月洞穴（天涯海角）里面去，让户主永享太平。

（巴代右手拿蚩尤铃，左手拿筶子，坐在堂屋神桌的一边，面朝地楼板。每韵神辞一次，即摇铃三下，并将持筶的左手扬起过眉，放响于桌面上一下，然后再拿在手，待下番神韵时摇铃再放响于桌面上，如此反复操作，直到最后。）

阿——酒——阿——酒——　　　　　　　　　（摇铃放筶）

Ab—jiu—ab—jiux—

纵豆列除酒莽浪松，

Zongb dout leb chux jiud mangb nangb songt，

纵腊列岔昂莽浪莎。

Zongb leas leb chax ghab mangb nangb sab.

列起刨酒浪度，

Lieb kid beub jiud nangb dux，

列涌扛服浪树。

Lieb yongd gangb fub nangb shux.

列理包酒浪公，

Lieb lid beub jiud nangb gongt，

列下扛服浪几。

Lieb xiat gangb fub nangb jid.

列你包酒浪浪，

Lieb nit beub jiud nangb nhangs，

列休扛服浪秋。

Lieb xiut gangb fub nangb quix.

列理窝够，

Lieb lid aot gout，

列岔背高。

Lieb chax bed gaod.

到够扛充，

Daox geub gangb congt，

列除扛汝。

Lieb chux gangb rux.

喂扑喂你打纵刚棍，

Web pub web nit dat zongb ghangt ghunt，

喂岔喂炯吉秋削猛。

Web chax web jiongx jib quix xiox mengb.

神韵——

到此要吟干酒的诗，到来要唱干酒的歌。

要讲敬酒的话，要表送喝的意。

要理敬酒的根，要清送喝的底。

要在敬酒的场，要做送喝的事。

要理源头，要寻根苑。

要唱送清，要吟送畅。

我说我在祭神场中，我讲我坐敬祖堂内。

阿——酒——阿——酒——　　　　　　　　　　（摇铃放笞）

Ab—jiux—ab—jiux—

刨酒列充葵汝产鹅棍空，

Beub jiud leb congd kuib rux cant eb ghunt kongt，

梅斩列然傩汝吧图棍得。

Meb zaib leb rab nus rux bax tux ghunt det.

刨酒告见叉单，

beub jiud ghaot jianb chad dand，

酒卡送嘎叉送。

Jiud kead songx gad chad songx.

几长窝汝意记送斗，

Jid changb aot rux yib jib songx doub,

几长然鸟葵汝产鹅棍空。

Jid changb rab niaob kuib rux cant eb gunt kongt.

几长窝汝以打穷炯,

Jid changb aot rux yit dat qiongx jiongb,

几长弄奈录汝吧图棍得。

Jid changb nongx naix lub rux beax tub gunt det.

列拢然鸟——　　　　　　　　　　　（各宫口的祖师诀）

Lieb liongb rad niaob—

然鸟太棍共米、

Rab niaob tait gunt gongx mit、

公加、首关、四贵,　　　　　　　（巳宫、辰宫、酉宫、寅宫诀）

Gongd jiad、shoud guand、six giux,

太棍米章、巴高、国峰、明鸿,　　（午宫、戌宫、巳宫、卯宫诀）

Taix gunt mit zhuangd、bad gaod、guob fengd、mingb hongx,

太棍仕贵、后保,　　　　　　　　　　　（巳宫、申宫诀）

Tait gunt shid giux、houx baod,

苟太光珍、勇贤、　　　　　　　　　　（申宫、戌宫诀）

Goud taix guangd zhengd、yongd xianb、

光三、老七、跃恩、　　　　　　　（卯宫、巳宫、申宫诀）

Guangd sand、laod qib、yiex engd,

苟太席乙、江远、林花、老苟、　　（未宫、卯宫、子宫、午宫诀）

Goud taib xib yix、jiangd yand、linb huad、laod goud、

共四、老弄、　　　　　　　　　　　　（辰宫、寅宫诀）

Gongx six、laod nongt、

千由、天才、炯容、同兰,　　　　（丑宫、巳宫、酉宫、亥宫诀）

Qiand youb、tianb caib、jiongx rongb、tongb lan,

苟太强贵、龙贵、　　　　　　　　　　（亥宫、丑宫诀）

Goud taib qiangb giux、longb giux、

光合、冬顺、得水、　　　　　　　（卯宫、申宫、未宫诀）

Guangd hob、dongd shunx、deib shiut,

苟剖双全, 苟剖长先,　　　　　　　　（未宫、午宫诀）

Goud bout shuangd quanb, goud bout changb xiand,

苟打二哥、那那……

Goud dad erx ged、nat nat…

补谷阿柔告寿,

But guot ad roub gaot shout,

补谷欧柔告德。

But guob out roub gaot deit.

补产葵忙告见,

But chanx kuib mangb gaot jianb,

抓葡儿最吉走。

Zhuad pux jid zuib jib zoub.

补吧录忙送嘎,

But bad lub mangb songx gad,

寿葡吉走吉板。

Shoux pux jid zoub jib banb.

浪喂声然照修打便郎得,

Nangb weib shongt rad zhaob xiud dat biant liangd deib,

浪喂声然照闹打绒郎秋。

Nangb weib shongt rad zhaob laox dad rongb liangb qiud.

照修纵寿吉标,

Zhaob xiut zongb shoux jib bioud,

照闹秋得记竹。

Zhaob laox qiud deib jid zhub.

照修补谷补涌提仲,

Zhaob xiud but guob but yongd tib zongb,

照闹补谷补肥图岭。

Zhaob laox but guob but fenb tub liuongb.

照修达香,

Zhaob xiut dab xiangd,

照闹达穷。

Zhaob laox dab qiongx.

就——

Jiux—

补热声棍,

（酉宫、辰宫诀）

（降神诀）

（下降布条诀）

But reb shongt gunt,

拢单纵寿吉标。 （坐坛诀）

Liongb dand zongb shoux jib bioud.

补然弄猛，

But rad nongd mengb,

拢送吉秋照拿。 （坐殿诀）

Liongb songx jib qiud zhaob nab.

拢单你瓦意记送斗，

Liongb dand nit wab yit jid songx doub,

炯龙以打穷炯。 （香炉诀）

Jiongx longb yit dat qiongx jiongx.

你瓦喂斗得寿，

Nit wab weib doub deib shoux,

炯龙剖弄告得。 （绕祖诀）

Jiongx longb boub nongd gaod deib.

几达然鸟埋列嘎修，

Jid dab rad niaox maib lieb gad xiut,

吉炯达奈埋列嘎闹。

Jib jiongx dab naix maib lieb gad laox.

拢单列候扛酒，

Longs dand leb heux gangb jiud,

拢送列候刨酒。

Longs songx leb heux beub jiud.

神韵——

敬酒要请尊贵的千位祖师，

劝酒要迎高贵的百位师尊。

敬酒仪式才准，干酒仪式才灵。

诚焚烧纸团宝香，

虔诚奉请尊贵的千位祖师。

虔诚焚烧蜂蜡糠烟，

虔诚迎奉高贵的百位师尊。

要来奉请——

奉请祖太共米、共甲、仕官、首贵，

祖太明章、巴高、国峰、明鸿，

祖太仕贵、后宝，

祖太光朱、勇贤、光三、老七、跃恩，

祖太席玉、江远、林华、老苟、共四、老弄、

千有、天财、进荣、腾兰，

祖太强贵、隆贵、光合、冬顺、得水，

叔公双全，祖公长先，

外祖二哥、大大……

三十一代祖师，三十二代弟子。

三千交钱祖师，查名皆齐皆遍。

三百度纸宗师，点字皆遍皆全。

三咏神腔、来到信士祭祖场中，

三吟神韵、来临户主敬神堂内。

来到安享纸团宝香，

来临安受蜂蜡糠烟。

拥护吾本弟子，守护我这师郎。

同日有请你们莫起，

同时有奉你们莫去。

到此主持敬酒，到来把持供酒。

（注：敬入堂酒肉、供粑时的场景，头师摇铃，酒师拿供品，二师拿筶子。）

（二）用错·**Yongd cuob**·认错

葵汝列拢儿葡，

Kuib rux lieb liongb jid pongb,

江半录汝列拢吉屋。

Jiangb banb lub rux lieb liongb jib wul.

葵汝列拢召娄，

Kuib rux lieb liongb zhaob neb,

录汝列拢召追。

Nub rux lieb liongb zhaob zhuix,

葵汝列你苟抓,

Kuib rux lieb nit geud zhuab,

录汝列炯苟尼。

Nub rux lieb jiongx goud nib.

葵汝列拢几不,

Kuib rux lieb liongb jid bub,

录汝列拢吉强。

Nub rux lieb liongb jid qiangx.

葵汝休最休走,

Kuib rux xiud zuib xiud zeb,

录汝休走休半。

Nub rux xiud zeb xiud banb.

葵汝几柔几服,

Kuib rux jid roub jid ful,

录汝几柔几录。

Nu rux jid roub jid nub.

葵汝共够几北、

Kuib rux giuongx gout jid beib、

几油列苟猛错猛炯,

Jid youb lieb geud mengb cuob mengb jiongd,

录汝共便吉走、

Nub rux giuongx biat jib zed.

吉共列苟猛底猛内。

Jib giuongx lieb goud mengb did mengb neib.

几江苟错——

Jid jiangb goud cuob—

阿柔西昂得碗拢油,

Ad roub xid angb deit wanb liongb yub,

阿气虐满猛碗拢号。

Ab qix nub mianb mengb wand liongb haox.

阿标林休、

Ab bioud liuongb xut、

洽腊龙召格能格同，

Qiax lab longb zhaob gib nongb gib tongb，

洽腊龙召格达格这。

Qiax lab longb zhaob gib dab gib zhex.

鸟茶几没到服，

Niaob cat jid meib daox fub，

弄然几没到龙。

Nongx rab jid meib daox longb.

他拢莎苟拢错拢炯，

Tax nongd sax geud liongb cuob liongb jiongd，

他拢莎苟拢底拢内。

Tax nongd sax geud liongb did liongb niexb.

错久修照夯绒，

Cuob jub xiut zhaob hangb rongb，

弟板油照柔穷。

Dix banb yub zhaob rout qiongx.

修哟列扛娘萨你查，

Xiut yod lieb gangb niangb sad nit cat，

油约列扛娘章炯汝。

Yout yod lieb gangb niangb zhuangb jiongx rux.

修哟列扛汝苟猛豆，

Xiut yod lieb gangb rux goub mengt dout，

油约列扛汝公猛炯。

Yout yod lieb gangb rux gongt mengb jiongx.

修哟列扛汝猛产豆，

Xiut yod lieb gangb rux mengb cant dout，

油约列扛汝猛吧就。

Yout yod lieb gangb rux mengb bax jux.

阿——酒——阿——酒——   （摇铃放答）

Ab—jiux—ab—jiux—

祖师要来集中，爱了宗师要来集合。

祖师要拥左边，宗师要护右边。

祖师要来成伙，宗师要来成团。

祖师到来到边，宗师到临到齐。

祖师来担来保，宗师来凭来证。

祖师在此桌前，带着主家当神忏悔。

宗师当在桌边，带领主人当祖认错。

忏悔过错——

过去岁月小锅来煮，往昔日子大锅来熬。①

一家大小、

恐也吃着一丝一毫，怕也尝着一点一滴。

口中不曾得喝，嘴内未曾得吃。

今天也都来错来悔，今日也都来悔来忏。

错了免去一边，悔了赦在一旁。

免了要送坐得清吉，赦了要送居得平安。

免了要送疾病痊好，赦了要送病体痊愈。

免了要送好去千年，赦了要送好过百岁。

神韵——

注：① 大锅来熬——指煮在锅内用来敬奉元祖神的供品。

葵汝列拢几葡，

Kuib rux lieb liongb jid pongb，

江半录汝列拢吉屋。

Jiangb banb lub rux lieb liongb jib wul.

葵汝列拢召娄，

Kuib rux lieb liongb zhaob neb，

录汝列拢召追。

Nub rux lieb liongb zhaob zhuix，

葵汝列你苟抓，

Kuib rux lieb nit goud zhuab，

录汝列炯苟尼。

Nub rux lieb jiongx geud nib.

葵汝列拢几不，

Kuib rux lieb liongb jid bub，

录汝列拢吉强。

Nub rux lieb liongb jid qiangx.

葵汝休最休走，

Kuib rux xiud zuib xiud zeb，

录汝休走休半。

Nub rux xiud zeb xiud banb.

葵汝几柔几服，

Kuib rux jid roub jid ful，

录汝几柔几录。

Nu rux jid roub jid nub.

葵汝共够几北、

Kuib rux giuongx gout jid beib、

几油列苟猛错猛炯，

Jid yout lieb geud mengb cuob mengb jiongd，

录汝共便吉走、

Nub rux giuongx biat jib zed、

吉共列苟猛底猛内。

Jib giuongx lieb geud mengb did mengb neib.

几江苟错——

Jid jiangb goud cuob—

阿柔西昂外剖外乜，

Ad roux xid angb waix pout waix nias，

阿气虐满外内外骂。

Ab qix nub mianb waix niex waix max.

麻林亏汉麻休，

Mab liuongb kuit hanx mab xut，

麻抓亏汉麻晚。

Mab zhuab kuit hanx mab wand.

加气加写亏内汉内，

Jiad qit jiad xied kuit niex hanx neib，

加哈加楼几抱吉大。

Jiad had jiad loub jid beb jib dax.

他拢莎苟拢错拢炯，

Tax nongd sax geud liongb cuob liongb jiongd，

他拢莎苟拢底拢内。

Tax nongd sax geud liongb did liongb neib.

错久修照夯绒，

Cuob jub xiut zhaob hangb rongb，

弟板油照柔穷。

Dix banb yout zhaob rout qiongx.

修哟列扛娘萨你查，

Xiut yod lieb gangb niangb sad nit cat，

油约列扛娘章炯汝。

Yout yod lieb gangb niangb zhuangb jiongx rux.

修哟列扛汝苟猛豆，

Xiut yod lieb gangb rux goub mengt dout，

油约列扛汝公猛炯。

Yout yod lieb gangb rux gongt mengb jiongx.

修哟列扛汝猛产豆，

Xiut yod lieb gangb rux mengb cant dout，

油约列扛汝猛吧就。

Yout yod lieb gangb rux mengb bax jux.

阿——酒——阿——酒——   （摇铃放笞）

Ab—jiux—ab—jiux—

祖师要来集中，爱了宗师要来集合。

祖师要拥左边，宗师要护右边。

祖师要来成伙，宗师要来成团。

祖师到来到边，宗师到临到齐。

祖师来担来保，宗师来凭来证。

祖师在此桌前，带着主家当神忏悔。

宗师当在桌边，带领主人当祖认错。

忏悔过错——

过去岁月欺瞒祖公祖婆，往昔日子欺瞒父母。

大的欺负小的，强的欺辱弱的。

使坏心肠祸害别人，为非作歹打抢欺压。

今天也都来错来悔，今日也都来悔来忏。

错了免去一边，悔了赦在一旁。

免了要送坐得清吉，赦了要送居得平安。

免了要送疾病痊好，赦了要送病体痊愈。

免了要送好去千年，赦了要送好过百岁。

神韵——

葵汝列拢几葡，

Kuib rux lieb liongb jid pongb,

江半录汝列拢吉屋。

Jiangb banb lub rux lieb liongb jib wul.

葵汝列拢召娄，

Kuib rux lieb liongb zhaob neb,

录汝列拢召追。

Nub rux lieb liongb zhaob zhuix.

葵汝列你苟抓，

Kuib rux lieb nit goud zhuab,

录汝列炯苟尼。

Nub rux lieb jiongx goud nib.

葵汝列拢几不，

Kuib rux lieb liongb jid bub,

录汝列拢吉强。

Nub rux lieb liongb jid qiangx.

葵汝休最休走，

Kuib rux xiud zuib xiud zeb,

录汝休走休半。

Nub rux xiud zeb xiud banb.

葵汝几柔几服，

Kuib rux jid roub jid ful,

录汝几柔几录。

Nu rux jid roub jid nub.

葵汝共够几北、

Kuib rux giuongx gout jid beib、

几油列苟猛错猛炯，

Jid yout lieb geud mengb cuob mengb jiongd，

录汝共便吉走、

Nub rux giuongx biat jib zed、

吉共列苟猛底猛内。

Jib giuongx lieb geud mengb did mengb neib.

几江苟错——

Jid jiangb geud cuob—

几江苟错吾不斗溶，

Jid jiangb geud cuob wut bux deb yongb，

吾袍斗达。

Wut baox deb dab.

吾不不猛内补，

Wut bux bub mengb neib bub，

斗达达猛内冬。

Deb dab dab mengb neib dongt.

格尼尼猛内补，

Gieb nib nib mengb neib bub，

柔告告猛内冬。

Roub gaox gaox mengb neib dongt.

他拢莎苟拢错拢炯，

Tax nongd sax geud liongb cuob liongb jiongx，

他拢莎苟拢错拢炯，

Tax nongd sax geud liongb cuob liongb jiongd，

他拢莎苟拢底拢内。

Tax nongd sax geud liongb did liongb neib.

错久修照夯绒，

Cuob jub xiut zhaob hangb rongb，

弟板油照柔穷。

Dix banb yout zhaob rout qiongx.

修哟列扛娘萨你查，

Xiut yod lieb gangb niangb sad nit cat，

油约列扛娘章炯汝。

Yub yod lieb gangb niangb zhuangb jiongx rux.

修哟列扛汝苟猛豆，

Xiut yod lieb gangb rux goub mengt dout,

油约列扛汝公猛炯。

Yout yod lieb gangb rux gongt mengb jiongx.

修哟列扛汝猛产豆，

Xiut yod lieb gangb rux mengb cant dout,

油约列扛汝猛吧就。

Yout yod lieb gangb rux mengb bax jux.

阿——酒——阿——酒——　　　　　　　　　　（摇铃放箸）

Ab—jiux—ab—jiux—

　　　祖师要来集中，爱了宗师要来集合。
　　　祖师要拥左边，宗师要护右边。
　　　祖师要来成伙，宗师要来成团。
　　　祖师到来到边，宗师到临到齐。
　　　祖师来担来保，宗师来凭来证。
　　　祖师在此桌前，带着主家当神忏悔。
　　　宗师当在桌边，带领主人当祖认错。
　　　忏悔过错——
　　　抬着去忏污染祭祖的水，敬神的汤。
　　　污水污去他方，秽汤秽去他处。
　　　污供污去他方，秽敬秽去他处。
　　　今天也都来错来悔，今日也都来悔来忏。
　　　错了免去一边，悔了赦在一旁。
　　　免了要送坐得清吉，赦了要送居得平安。
　　　免了要送疾病痊好，赦了要送病体痊愈。
　　　免了要送好去千年，赦了要送好过百岁。
　　　神韵——

葵汝列拢几葡，

Kuib rux lieb liongb jid pongb,

江半录汝列拢吉屋。

Jiangb banb lub rux lieb liongb jib wul.

葵汝列拢召娄，

Kuib rux lieb liongb zhaob neb，

录汝列拢召追。

Nub rux lieb liongb zhaob zhuix，

葵汝列你苟抓，

Kuib rux lieb nit goud zhuab，

录汝列炯苟尼。

Nub rux lieb jiongx goud nib.

葵汝列拢几不，

Kuib rux lieb liongb jid bub，

录汝列拢吉强。

Nub rux lieb liongb jid qiangx.

葵汝休最休走，

Kuib rux xiud zuib xiud zeb，

录汝休走休半。

Nub rux xiud zeb xiud banb.

葵汝几柔几服，

Kuib rux jid roub jid ful，

录汝几柔几录。

Nu rux jid roub jid nub.

葵汝共够几北、

Kuib rux giuongx gout jid beib、

几油列苟猛错猛炯，

Jid youb lieb geud mengb cuob mengb jiongd，

录汝共便吉走、

Nub rux giuongx biat jib zed、

吉共列苟猛底猛内。

Jib giuongx lieb geud mengb did mengb neib.

几江苟错——

Jid jiangb goud cuob—

加鸟否猛弄内，

Jiad niaob woub mengb nongx neit,

加弄否猛弄那。

Jiad nongx woub mengb nongx liax.

巴楼否洞巴抓,

Bad loub woub dongb bad zhuab,

良龙否洞良共。

Liat nongb woub dongb liat gongx.

加鸟加弄否猛向内,

Jiad niaob jiad nongx woub mengb xiangt neib,

加度加树否猛向总。

Jiad dux jiad shux woub mengb xiangt zongb.

加度几关向内向总,

Jiad dux jib guand xiangt neib xiangt zongb,

加树几洽向内向骂。

Jiad shux jib qiax xiangt neib xiangt max.

他拢莎苟拢错拢炯,

Tax nongd sax geud liongb cuob liongb jiongd,

他拢莎苟拢底拢内。

Tax nongd sax geud liongb did liongb neib.

错久修照夯绒,

Cuob jub xiut zhaob hangb rongb,

弟板油照柔穷。

Dix banb yout zhaob rout qiongx.

修哟列扛娘萨你查,

Xiut yod lieb gangb niangb sad nit cat,

油约列扛娘章炯汝。

Yout yod lieb gangb niangb zhuangb jiongx rux.

修哟列扛汝苟猛豆,

Xiut yod lieb gangb rux goub mengt dout,

油约列扛汝公猛炯。

Yout yod lieb gangb rux gongt mengb jiongx.

修哟列扛汝猛产豆,

Xiut yod lieb gangb rux mengb cant dout,

油约列扛汝猛吧就。

Yub yod lieb gangb rux mengb bax jux.

阿——酒——阿——酒——　　　　　　　　（摇铃放答）

Ab—jiux—ab—jiux—

祖师要来集中，爱了宗师要来集合。

祖师要拥左边，宗师要护右边。

祖师要来成伙，宗师要来成团。

祖师到来到边，宗师到临到齐。

祖师来担来保，宗师来凭来证。

祖师在此桌前，带着主家当神忏悔。

宗师当在桌边，带领主人当祖认错。

忏悔过错——

坏口他去骂日，坏嘴他去骂月。

久晴他说热大，久雨他讲烂汁。

坏口坏嘴他去伤人，恶言恶语他去伤众。

恶言不怕伤人伤众，恶语不怕伤父伤母。

今天也都来错来悔，今日也都来悔来忏。

错了免去一边，悔了赦在一旁。

免了要送坐得清吉，赦了要送居得平安。

免了要送疾病痊好，赦了要送病体痊愈。

免了要送好去千年，赦了要送好过百岁。

神韵——

葵汝列拢几葡，

Kuib rux lieb liongb jid pongb,

江半录汝列拢吉屋。

Jiangb banb lub rux lieb liongb jib wul.

葵汝列拢召娄，

Kuib rux lieb liongb zhaob neb,

录汝列拢召追。

Nub rux lieb liongb zhaob zhuix,

葵汝列你苟抓，

Kuib rux lieb nit goud zhuab，

录汝列炯苟尼。

Nub rux lieb jiongx geud nib.

葵汝列拢几不，

Kuib rux lieb liongb jid bub，

录汝列拢吉强。

Nub rux lieb liongb jid qiangx.

葵汝休最休走，

Kuib rux xiud zuib xiud zeb，

录汝休走休半。

Nub rux xiud zeb xiud banb.

葵汝几柔几服，

Kuib rux jid roub jid ful，

录汝几柔几录。

Nu rux jid roub jid nub.

葵汝共够几北、

Kuib rux giuongx gout jid beib、

几油列苟猛错猛炯，

Jid youb lieb geud mengb cuob mengb jiongd，

录汝共便吉走、

Nub rux giuongx biat jib zed、

吉共列苟猛底猛内。

Jib giuongx lieb geud mengb did mengb neib.

几江苟错——

Jid jiangb goud cuob—

窝拔几扑得松得萨，

Aob pad jib pud deit songt deit sad，

窝浓吉板得度得树。

Aob niuongx jib banb deit dux deit shux.

麻见扑洞几见，

Mab jianb pub dongt jid jianb，

麻汝扑见久汝。

Mab rux pud jianb jiud rux.

麻果扑见麻乖，

Mab guet pud jianb mab gweit,

麻单扑见麻酷。

Mab dand pud jianb mab kud.

他拢莎苟拢错拢炯，

Tax nongd sax geud liongb cuob liongb jiongd,

他拢莎苟拢底拢内。

Tax nongd sax goud liongb did liongb neib.

错久修照夯绒，

Cuob jub xiut zhaob hangb rongb,

弟板油照柔穷。

Dix banb yout zhaob rout qiongx.

修哟列扛娘萨你查，

Xiut yod lieb gangb niangb sad nit cat,

油约列扛娘章炯汝。

Yout yod lieb gangb niangb zhuangb jiongx rux.

修哟列扛汝苟猛豆，

Xiut yod lieb gangb rux goub mengt dout,

油约列扛汝公猛炯。

Yout yod lieb gangb rux gongt mengb jiongx.

修哟列扛汝猛产豆，

Xiut yod lieb gangb rux mengb cant dout,

油约列扛汝猛吧就。

Yout yod lieb gangb rux mengb bax jux.

阿——酒——阿——酒——   （摇铃放答）

Ab—jiux—ab—jiux—

祖师要来集中，爱了宗师要来集合。
祖师要拥左边，宗师要护右边。
祖师要来成伙，宗师要来成团。
祖师到来到边，宗师到临到齐。
祖师来担来保，宗师来凭来证。
祖师在此桌前，带着主家当神忏悔。

宗师当在桌边，带领主人当祖认错。

忏悔过错——

女人乱造口角言语，男人乱讲唆事弄非。

正的说成歪的，好的说成坏的。

白的说成黑的，真的说成假的。

今天也都来错来悔，今日也都来悔来忏。

错了免去一边，悔了赦在一旁。

免了要送坐得清吉，赦了要送居得平安。

免了要送疾病痊好，赦了要送病体痊愈。

免了要送好去千年，赦了要送好过百岁。

神韵——

葵汝列拢儿葡，

Kuib rux lieb liongb jid pongb,

江半录汝列拢吉屋。

Jiangb banb lub rux lieb liongb jib wul.

葵汝列拢召娄，

Kuib rux lieb liongb zhaob neb,

录汝列拢召追。

Nub rux lieb liongb zhaob zhuix,

葵汝列你苟抓，

Kuib rux lieb nit goud zhuab,

录汝列炯苟尼。

Nub rux lieb jiongx geud nib.

葵汝列拢儿不，

Kuib rux lieb liongb jid bub,

录汝列拢吉强。

Nub rux lieb liongb jid qiangx.

葵汝休最休走，

Kuib rux xiud zuib xiud zeb,

录汝休走休半。

Nub rux xiud zeb xiud banb.

葵汝儿柔儿服，

Kuib rux jid roub jid ful,

录汝几柔几录。

Nub rux jid roub jid nub.

葵汝共够几北、

Kuib rux giuongx gout jid beib、

几油列苟猛错猛炯,

Jid youb lieb geud mengb cuob mengb jiongd,

录汝共便吉走、

Nub rux giuongx biat jib zed、

吉共列苟猛底猛内。

Jib giuongx lieb goud mengb did mengb neib.

几江苟错——

Jid jiangb geud cuob—

几纵棍缪,

Jid zongb gunt mioub,

吉秋棍昂。

Jib quix gunt angb.

虐西酒齐昂汝、

Nub xit jiut qit angb rux、

内出呕得报碗、

Niex chud out deib baob wanb、

洽候洽底,

Qiax hex qiax did,

虐夏酒江昂明、

Nub xiax jiut jiangb angb miuongb、

内出呕秋报叫、

Niex chud out quix baob jiaox、

洽楼洽杀。

Qiax noub qiax shab.

他拢酒齐昂汝、

Tax nongd jiud qit angb rux、

内出阿得报碗、

Niex chud ad deib baob wanb、

几候几底，

Jid hex jib dix，

他拢酒汪昂明、

Tax nongd jiud wangb angb miuongb、

内出阿秋报叫、

Niex chub ab quix baob jiaox、

几楼几杀。

Jid noub jid shab.

炯那几服毕包，

Jiongt nat jit ful bid beb，

炯苟几龙楼归。

Jiongt goud jit longb noub guib.

炯那几服炯绒拢单，

Jiongt nat jit ful jiongt rongb liongb dand，

炯苟几龙炯棍拢送。

Jiongt goud jid longb jiongt gunt liongb songx.

他拢莎苟拢错拢炯，

Tax nongd sax geud liongb cuob liongb jiongd，

他拢莎苟拢底拢内。

Tax nongd sax geud liongb did liongb neib.

错久修照夯绒，

Cuob jub xiut zhaob hangb rongb，

弟板油照柔穷。

Dix banb yub zhaob rout qiongx.

修哟列扛娘萨你查，

Xiut yod lieb gangb niangb sad nit cat，

油约列扛娘章炯汝。

Yout yod lieb gangb niangb zhuangb jiongx rux.

修哟列扛汝苟猛豆，

Xiut yod lieb gangb rux goub mengt dout，

油约列扛汝公猛炯。

Yout yod lieb gangb rux gongt mengb jiongx.

修哟列扛汝猛产豆，

Xiut yod lieb gangb rux mengb cant dout,
油约列扛汝猛吧就。
Yout yod lieb gangb rux mengb bax jux.
阿——酒——阿——酒—— （摇铃放筶）
Ab——jiux——ab——jiux——

祖师要来集中，爱了宗师要来集合。
祖师要拥左边，宗师要护右边。
祖师要来成伙，宗师要来成团。
祖师到来到边，宗师到临到齐。
祖师来担来保，宗师来凭来证。
祖师在此桌前，带着主家当神忏悔。
宗师当在桌边，带领主人当祖认错。
忏悔过错——
鱼神之所，肉神之处。
以前的净酒好肉、
人做两处下锅、恐差恐错，
过去的甜酒供肉、
人做两处下鼎、恐错恐犯。
今天净酒好肉、
人做一处下锅、不差不错，
今日的甜酒供肉、
人做一处下鼎、不错不犯。①
哥兄不喝得发，老弟不吃得旺。
哥兄不喝祭祖得到，老弟不吃敬神得灵。
今天也都来错来悔，今日也都来悔来忏。
错了免去一边，悔了赦在一旁。
免了要送坐得清吉，赦了要送居得平安。
免了要送疾病痊好，赦了要送病体痊愈。
免了要送好去千年，赦了要送好过百岁。
神韵——

注：① 鱼神之所……不错不犯——这里所指的是阴间的司肉神及阳间的厨官刀手没

有匿藏供肉。

葵汝列拢儿葡，

Kuib rux lieb liongb jid pongb，

江半录汝列拢吉屋。

Jiangb banb lub rux lieb liongb jib wul.

葵汝列拢召娄，

Kuib rux lieb liongb zhaob neb，

录汝列拢召追。

Nub rux lieb liongb zhaob zhuix，

葵汝列你苟抓，

Kuib rux lieb nit goud zhuab，

录汝列炯苟尼。

Nub rux lieb jiongx goud nib.

葵汝列拢儿不，

Kuib rux lieb liongb jid bub，

录汝列拢吉强。

Nub rux lieb liongb jid qiangx.

葵汝休最休走，

Kuib rux xiud zuib xiud zeb，

录汝休走休半。

Nub rux xiud zeb xiud banb.

葵汝儿柔儿服，

Kuib rux jid roub jid ful，

录汝儿柔儿录。

Nu rux jid roub jid nub.

葵汝共够儿北、

Kuib rux giuongx gout jid beib、

儿油列苟猛错猛炯，

Jid youb lieb geud mengb cuob mengb jiongd，

录汝共便吉走、

Nub rux giuongx biat jib zed、

吉共列苟猛底猛内。

Jib giuongx lieb geud mengb did mengb neib.

几江苟错——

Jid jiangb geud cuob—

以留西向，

Yid liub xid xiangt，

意苟格补。

Yib goub gib bub.

虐西酒齐昂汝、

Nub xit jiut qit angb rux、

内出呕得报碗、

Niex chud out deib baob wanb、

洽候洽底，

Qiax hex qiax did，

虐夏酒江昂明、

Nub xiax jiut jiangb angb miuongb、

内出呕秋报叫、

Niex chud out quix baob jiaox、

洽楼洽杀。

Qiax noub qiax shab.

他拢酒齐昂汝、

Tax nongd jiud qit angb rux、

内出阿得报碗、

Niex chud ad deib baob wanb、

几候几底，

Jid hex jib dix，

他拢酒汪昂明、

Tax nongd jiud wangb angb miuongb、

内出阿秋报叫、

Neib chub ab qiux baob jiaox、

几楼几杀。

Jid noub jid shab.

炯那几服毕包，

Jiongt ant jit ful bid beb，

炯苟儿龙楼归。

Jiongt goud jit longb noub guib.

炯那儿服炯绒拢单，

Jiongt nat jit ful jiongt rongb liongb dand，

炯苟儿龙炯棍拢送。

Jiongt goud jid longb jiongt gunt liongb songx.

他拢莎苟拢错拢炯，

Tax nongd sax geud liongb cuob liongb jiongd，

他拢莎苟拢底拢内。

Tax nongd sax geud liongb did liongb neib.

错久修照夯绒，

Cuob jub xiut zhaob hangb rongb，

弟板油照柔穷.

Dix banb yout zhaob rout qiongx.

修哟列扛娘萨你查，

Xiut yod lieb gangb niangb sad nit cat，

油约列扛娘章炯汝。

Yout yod lieb gangb niangb zhuangb jiongx rux.

修哟列扛汝苟猛豆，

Xiut yod lieb gangb rux goub mengt dout，

油约列扛汝公猛炯。

Yout yod lieb gangb rux gongt mengb jiongx.

修哟列扛汝猛产豆，

Xiut yod lieb gangb rux mengb cant dout，

油约列扛汝猛吧就。

Yout yod lieb gangb rux mengb bax jux.

阿——酒——阿——酒——   （摇铃放筶）

Ab—jiux—ab—jiux—

祖师要来集中，爱了宗师要来集合。

祖师要拥左边，宗师要护右边。

祖师要来成伙，宗师要来成团。

祖师到来到边，宗师到临到齐。

祖师来担来保，宗师来凭来证。

祖师在此桌前，带着主家当神忏悔。

宗师当在桌边，带领主人当祖认错。

忏悔过错——

家先之所，祖先之处。

以前的净酒好肉、

人做两处下锅、恐差恐错，

过去的甜酒供肉、

人做两处下鼎、恐错恐犯。

今天净酒好肉、

人做一处下锅、不差不错，

今日的甜酒供肉、

人做一处下鼎、不错不犯。①

哥兄不喝得发，老弟不吃得旺。

哥兄不喝祭祖得到，老弟不吃敬神得灵。

今天也都来错来悔，今日也都来悔来忏。

错了免去一边，悔了赦在一旁。

免了要送坐得清吉，赦了要送居得平安。

免了要送疾病痊好，赦了要送病体痊愈。

免了要送好去千年，赦了要送好过百岁。

神韵——

注：① 家先之所……不错不犯——此中数句指信士的家先们在敬奉元祖神的祭祀中没有匿藏供肉。

葵汝列拢几葡，

Kuib rux lieb liongb jid pongb,

江半录汝列拢吉屋。

Jiangb banb lub rux lieb liongb jib wul.

葵汝列拢召娄，

Kuib rux lieb liongb zhaob neb,

录汝列拢召追。

Nub rux lieb liongb zhaob zhuix,

葵汝列你苟抓，

Kuib rux lieb nit goud zhuab,

录汝列炯苟尼。

Nub rux lieb jiongx geud nib.

葵汝列拢几不，

Kuib rux lieb liongb jid bub,

录汝列拢吉强。

Nub rux lieb liongb jid qiangx.

葵汝休最休走，

Kuib rux xiud zuib xiud zeb,

录汝休走休半。

Nub rux xiud zeb xiud banb.

葵汝几柔几服，

Kuib rux jid roub jid ful,

录汝几柔几录。

Nub rux jid roub jid nub.

葵汝共够几北、

Kuib rux giuongx gout jid beib、

几油列苟猛错猛炯，

Jid youb lieb geud mengb cuob mengb jiongd,

录汝共便吉走、

Nub rux giuongx biat jib zed、

吉共列苟猛底猛内。

Jib giuongx lieb geud mengb did mengb neib.

几江苟错——

Jid jiangb geud cuob—

麻平爬兵几嘎鸟斗，

Mab piongb piat biongb jid giat niaob dout,

麻兰爬报几片鸟乡。

Mab lab piat baob jid piant niaob xiangd.

且恩几嘎苟格苟分，

Quet ghongb jid gad goud gieb goud fengt,

且图几片苟钢苟级。

Quex tub jid piant goud gangb goud jib.

他拢莎苟拢错拢炯，

Tax liongd sax geud liongb cuob liongb jiongd,

他拢莎苟拢底拢内。

Tax nongd sax geud liongb did liongb neib.

错久修照夯绒，

Cuob jub xiut zhaob hangb rongb,

弟板油照柔穷.

Dix banb yout zhaob rout qiongx.

修哟列扛娘萨你查，

Xiut yod lieb gangb niangb sad nit cat,

油约列扛娘章炯汝。

Yout yod lieb gangb niangb zhuangb jiongx rux.

修哟列扛汝苟猛豆，

Xiut yod lieb gangb rux goub mengt dout,

油约列扛汝公猛炯。

Yout yod lieb gangb rux gongt mengb jiongx.

修哟列扛汝猛产豆，

Xiut yod lieb gangb rux mengb cant dout,

油约列扛汝猛吧就。

Yout yod lieb gangb rux mengb bax jux.

阿——酒——阿——酒——　　　　　　　　　　　（摇铃放笭）

Ab—jiux—ab—jiux—

祖师要来集中，爱了宗师要来集合。

祖师要拥左边，宗师要护右边。

祖师要来成伙，宗师要来成团。

祖师到来到边，宗师到临到齐。

祖师来担来保，宗师来凭来证。

祖师在此桌前，带着主家当神忏悔。

宗师当在桌边，带领主人当祖认错。

忏悔过错——

平斗借出欺瞒粮斗，尖升收进欺瞒米升。

称金欺瞒分分厘厘，称木欺瞒斤斤两两。
今天也都来错来悔，今日也都来悔来忏。
错了免去一边，悔了赦在一旁。
免了要送坐得清吉，赦了要送居得平安。
免了要送疾病痊好，赦了要送病体痊愈。
免了要送好去千年，赦了要送好过百岁。
神韵——

葵汝列拢几葡，
Kuib rux lieb liongb jid pongb，
江半录汝列拢吉屋。
Jiangb banb lub rux lieb liongb jib wul.
葵汝列拢召娄，
Kuib rux lieb liongb zhaob neb，
录汝列拢召追。
Nub rux lieb liongb zhaob zhuix，
葵汝列你苟抓，
Kuib rux lieb nit goud zhuab，
录汝列炯苟尼。
Nub rux lieb jiongx geud nib.
葵汝列拢几不，
Kuib rux lieb liongb jid bub，
录汝列拢吉强。
Nub rux lieb liongb jid qiangx.
葵汝休最休走，
Kuib rux xiud zuib xiud zeb，
录汝休走休半。
Nub rux xiud zeb xiud banb.
葵汝几柔几服，
Kuib rux jid roub jid ful，
录汝几柔几录。
Nub rux jid roub jid nub.
葵汝共够几北、

Kuib rux giuongx gout jid beib、

几油列苟猛错猛炯,

Jid yout lieb geud mengb cuob mengb jiongd,

录汝共便吉走、

Nub rux giuongx biat jib zed、

吉共列苟猛底猛内。

Jib giuongx lieb geud mengb did mengb neib.

几江苟错——

Jid jiangb geud cuob—

补茶冬绒,

But cat dongt rongb,

补走冬棍。

But zoub dongt gunt.

牛绒牛棍,

Niub rongb niub gunt,

牛标牛睡。

Niub bioud niub shuix.

几得几北昂怕,

Jid deb jid beib angb pat,

吉秋吉将公柔。

Jib quix jib jiangx gongd reub.

几得几北炯达,

Jid deib jid beid jiongx dab,

吉秋吉瓦炯周。

Jib quix jib wab jiongx zhoud.

鸟茶几没到服,

Niaob cat jid meib daox fub,

弄然几没到龙。

Nongx rab jid meib daox longb.

他拢莎苟拢错拢炯,

Tax nongd sax geud liongb cuob liongb jiongx,

他拢莎苟拢底拢内。

Tax nongd sax geud liongb did liongb neib.

他拢莎苟拢错拢炯,

Tax nongd sax geud liongb cuob liongb jiongd,

他拢莎苟拢底拢内。

Tax nongd sax geud liongb did liongb niex.

错久修照夯绒,

Cuob jub xiut zhaob hangb rongb,

弟板油照柔穷。

Dix banb yout zhaob rout qiongx.

修哟列扛娘萨你查,

Xiut yod lieb gangb niangb sad nit cat,

油约列扛娘章炯汝。

Yout yod lieb gangb niangb zhuangb jiongx rux.

修哟列扛汝苟猛豆,

Xiut yod lieb gangb rux goub mengt dout,

油约列扛汝公猛炯。

Yout yod lieb gangb rux gongt mengb jiongx.

修哟列扛汝猛产豆,

Xiut yod lieb gangb rux mengb cant dout,

油约列扛汝猛吧就。

Yout yod lieb gangb rux mengb bax jux.

阿——酒——阿——酒——   （摇铃放箸）

Ab—jiux—ab—jiux—

祖师要来集中，爱了宗师要来集合。

祖师要拥左边，宗师要护右边。

祖师要来成伙，宗师要来成团。

祖师到来到边，宗师到临到齐。

祖师来担来保，宗师来凭来证。

祖师在此桌前，带着主家当神忏悔。

宗师当在桌边，带领主人当祖认错。

忏悔过错——

牛尊牛祖，牛尊牛贵。

阴间分供肉之所，阴间分供粑之处。

分配七呈之所，分散七献之处。

家祖的口中没有得喝，家先的嘴内没有得吃。

今天也都来错来悔，今日也都来悔来忏。

错了免去一边，悔了赦在一旁。

免了要送坐得清吉，赦了要送居得平安。

免了要送疾病痊好，赦了要送病体痊愈。

免了要送好去千年，赦了要送好过百岁。

神韵——

葵汝列拢几葡，

Kuib rux lieb liongb jid pongb，

江半录汝列拢吉屋。

Jiangb banb lub rux lieb liongb jib wul.

葵汝列拢召娄，

Kuib rux lieb liongb zhaob neb，

录汝列拢召追。

Nub rux lieb liongb zhaob zhuix，

葵汝列你苟抓，

Kuib rux lieb nit goud zhuab，

录汝列炯苟尼。

Nub rux lieb jiongx geud nib.

葵汝列拢几不，

Kuib rux lieb liongb jid bub，

录汝列拢吉强。

Nub rux lieb liongb jid qiangx.

葵汝休最休走，

Kuib rux xiud zuib xiud zeb，

录汝休走休半。

Nub rux xiud zeb xiud banb.

葵汝几柔几服，

Kuib rux jid roub jid ful，

录汝几柔几录。

Nub rux jid roub jid nub.

葵汝共够几北、

Kuib rux giuongx gout jid beib、

几油列苟猛错猛炯，

Jid youb lieb geud mengb cuob mengb jiongd，

录汝共便吉走、

Nub rux giuongx biat jib zed、

吉共列苟猛底猛内。

Jib giuongx lieb goud mengb did mengb niex.

几江苟错——

Jid jiangb geud cuob—

牛如图照，

Niub rub tux zhaox，

几得声格、

Jid deib shongt gieb、

吉秋洽陇。

Jib quix qiax liongs.

声格乙如，

Shongt gieb yib rub，

洽陇乙强。

Qiax liongb yib qiangx.

干力干转，

Gand lib gand zhuanb，

嘎同嘎他。

Gad tongb gad tax.

阿约为——

Ab yob weib—

错久得竹列扛娘萨，

Cuob jub deit zhub lieb gangb niangb sad，

弟板吉标列扛娘章。

Dix banb jib bioud lieb gangb niangb zhuangb.

他拢莎苟拢错拢炯，

Tax nongd sax geud liongb cuob liongb jiongd，

他拢莎苟拢底拢内。

Tax nongd sax geud liongb did liongb neib.

错久修照夯绒，

Cuob jub xiut zhaob hangb rongb,

弟板油照柔穷。

Dix banb yub zhaob rout qiongx.

修哟列扛娘萨你查，

Xiut yod lieb gangb niangb sad nit cat,

油约列扛娘章炯汝。

Yout yod lieb gangb niangb zhuangb jiongx rux.

修哟列扛汝苟猛豆，

Xiut yod lieb gangb rux goub mengt dout,

油约列扛汝公猛炯。

Yout yod lieb gangb rux gongt mengb jiongx.

修哟列扛汝猛产豆，

Xiut yod lieb gangb rux mengb cant dout,

油约列扛汝猛吧就。

Yout yod lieb gangb rux mengb bax jux.

阿——酒——阿——酒——　　　　　　　　（摇铃放笤）

Ab—jiux—ab—jiux—

　　祖师要来集中，爱了宗师要来集合。
　　祖师要拥左边，宗师要护右边。
　　祖师要来成伙，宗师要来成团。
　　祖师到来到边，宗师到临到齐。
　　祖师来担来保，宗师来凭来证。
　　祖师在此桌前，带着主家当神忏悔。
　　宗师当在桌边，带领主人当祖认错。
　　忏悔过错——
　　歌唱场中，鼓舞堂内。
　　歌声震天，鼓舞动地。
　　串去串来，跳上跳下。
　　呼叫声——
　　忏了家中要送清吉，悔了家内要送平安。

今天也都来错来悔，今日也都来悔来忏。

错了免去一边，悔了赦在一旁。

免了要送坐得清吉，赦了要送居得平安。

免了要送疾病痊好，赦了要送病体痊愈。

免了要送好去千年，赦了要送好过百岁。

神韵——

葵汝列拢几葡，

Kuib rux lieb liongb jid pongb,

江半录汝列拢吉屋。

Jiangb banb lub rux lieb liongb jib wul.

葵汝列拢召娄，

Kuib rux lieb liongb zhaob neb,

录汝列拢召追。

Nub rux lieb liongb zhaob zhuix,

葵汝列你苟抓，

Kuib rux lieb nit goud zhuab,

录汝列炯苟尼。

Nub rux lieb jongx geud nib.

葵汝列拢几不，

Kuib rux lieb liongb jid bub,

录汝列拢吉强。

Nub rux lieb liongb jid qiangx.

葵汝休最休走，

Kuib rux xiud zuib xiud zeb,

录汝休走休半。

Nub rux xiud zeb xiud banb.

葵汝几柔几服，

Kuib rux jid roub jid ful,

录汝几柔几录。

Nub rux jid roub jid nub.

葵汝共够几北、

Kuib rux giuongx gout jid beib、

几油列苟猛错猛炯，

Jid youb lieb geud mengb cuob mengb jiongd，

录汝共便吉走、

Nub rux giuongx biat jib zed、

吉共列苟猛底猛内。

Jib giuongx lieb geud mengb did mengb neib.

几江苟错——

Jid jiangb geud cuob—

虐西得忙巧起、

Nub xit deit mangb qiaot qit、

苟龙几穷格留洞绒，

Goub longb jit qiongb gid liub dongt rongb，

苟到吉话腊绒棍冬。

Goud daox jib huax lab rongb gunt dongt.

吾嘎八容、

Wut gad biab yongb、

葡窝否浪记秀，

Pud aox woub nangb jit xiut，

八窝否浪几得。

Biab aox woub nangb jid deib.

扛否照比夫拿棉绒，

Gangb woub zhaob bid fud nab mianb rongb，

照起昂拿陇棍。

Zhaob qit angb nab liongs ghunt.

他拢莎苟拢错拢炯，

Tax liongd sax geud liongb cuob liongb jiongd，

他拢莎苟拢底拢内。

Tax nongd sax geud liongb did liongb neib.

错久修照夯绒，

Cuob jub xiut zhaob hangb rongb，

弟板油照柔穷。

Dix banb yout zhaob rout qiongx.

修哟列扛娘萨你查，

Xiut yod lieb gangb niangb sad nit cat,

油约列扛娘章炯汝。

Yout yod lieb gangb niangb zhuangb jiongx rux.

修哟列扛汝苟猛豆,

Xiut yod lieb gangb rux goub mengt dout,

油约列扛汝公猛炯。

Yout yod lieb gangb rux gongt mengb jiongx.

修哟列扛汝猛产豆,

Xiut yod lieb gangb rux mengb cant dout,

油约列扛汝猛吧就。

Yout yod lieb gangb rux mengb bax jux.

阿——酒——阿——酒——   （摇铃放筶）

Ab—jiux—ab—jiux—

祖师要来集中, 爱了宗师要来集合。

祖师要拥左边, 宗师要护右边。

祖师要来成伙, 宗师要来成团。

祖师到来到边, 宗师到临到齐。

祖师来担来保, 宗师来凭来证。

祖师在此桌前, 带着主家当神忏悔。

宗师当在桌边, 带领主人当祖认错。

忏悔过错——

过去坏心之人、

用刀来砍阴间神堂, 用斧来劈阴间神殿。

罪恶之水、

洒着他的衣服, 泼着他的身体。

让他头肿大如神鼓, 腹胀大如神筐。

今天也都来错来悔, 今日也都来悔来忏。

错了免去一边, 悔了赦在一旁。

免了要送坐得清吉, 赦了要送居得平安。

免了要送疾病痊好, 赦了要送病体痊愈。

免了要送好去千年, 赦了要送好过百岁。

神韵——

葵汝列拢几葡，

Kuib rux lieb liongb jid pongb，

江半录汝列拢吉屋。

Jiangb banb lub rux lieb liongb jib wul.

葵汝列拢召娄，

Kuib rux lieb liongb zhaob neb，

录汝列拢召追。

Nub rux lieb liongb zhaob zhuix，

葵汝列你苟抓，

Kuib rux lieb nit goud zhuab，

录汝列炯苟尼。

Nub rux lieb jiongx geud nib.

葵汝列拢几不，

Kuib rux lieb liongb jid bub，

录汝列拢吉强。

Nub rux lieb liongb jid qiangx.

葵汝休最休走，

Kuib rux xiud zuib xiud zeb，

录汝休走休半。

Nub rux xiud zeb xiud banb.

葵汝几柔几服，

Kuib rux jid roub jid ful，

录汝几柔几录。

Nub rux jid roub jid nub.

葵汝共够几北、

Kuib rux giuongx gout jid beib、

几油列苟猛错猛炯，

Jid yout lieb geud mengb cuob mengb jiongd，

录汝共便吉走、

Nub rux giuongx biat jib zed、

吉共列苟猛底猛内。

Jib giuongx lieb geud mengb did mengb niex.

几江苟错——

Jid jiangb geud cuob—

奶格秋内浪得，

Leit giet quix neib nangb deib，

窝起江内浪欧。

Aot qit jiangb neib nangb oud.

几善吉昂扑麻加萨，

Jid shait jib angb pud mab jiad sad，

几良几酷出麻加事。

Jid liat jid kud chud mab jiad sout.

拆内浪桥柔几瓜，

Ceib neib nangb qiaob rout jid guab，

翻内浪桥图吉抓。

Fand neib nangb qiaob tub jid zhuab.

他拢莎苟拢错拢炯，

Tax nongd sax geud liongb cuob liongb jiongd，

他拢莎苟拢底拢内。

Tax nongd sax geud liongb did liongb niex.

错久修照夯绒，

Cuob jub xiut zhaob hangb rongb，

弟板油照柔穷。

Dix banb yout zhaob rout qiongx.

修哟列扛娘萨你查，

Xiut yod lieb gangb niangb sad nit cat，

油约列扛娘章炯汝。

Yout yod lieb gangb niangb zhuangb jiongx rux.

修哟列扛汝苟猛豆，

Xiut yod lieb gangb rux goub mengt dout，

油约列扛汝公猛炯。

Yout yod lieb gangb rux gongt mengb jiongx.

修哟列扛汝猛产豆，

Xiut yod lieb gangb rux mengb cant dout，

油约列扛汝猛吧就。

Yub yod lieb gangb rux mengb bax jux.

阿——酒——阿——酒——　　　　　　　（摇铃放笞）

Ab—jiux—ab—jiux—

　　祖师要来集中，爱了宗师要来集合。
　　祖师要拥左边，宗师要护右边。
　　祖师要来成伙，宗师要来成团。
　　祖师到来到边，宗师到临到齐。
　　祖师来担来保，宗师来凭来证。
　　祖师在此桌前，带着主家当神忏悔。
　　宗师当在桌边，带领主人当祖认错。
　　忏悔过错——
　　眼中喜欢他人妻儿，心内喜爱他人妻女。
　　躲躲闪闪暗中教唆，鬼鬼祟祟做起坏事。
　　拆他人的岩桥垮倒，掀别人的木桥垮断。
　　今天也都来错来悔，今日也都来悔来忏。
　　错了免去一边，悔了赦在一旁。
　　免了要送坐得清吉，赦了要送居得平安。
　　免了要送疾病痊好，赦了要送病体痊愈。
　　免了要送好去千年，赦了要送好过百岁。
　　神韵——

葵汝列拢几葡，

Kuib rux lieb liongb jid pongb,

江半录汝列拢吉屋。

Jiangb banb lub rux lieb liongb jib wul.

葵汝列拢召娄，

Kuib rux lieb liongb zhaob neb,

录汝列拢召追。

Nub rux lieb liongb zhaob zhuix,

葵汝列你苟抓，

Kuib rux lieb nit goud zhuab,

录汝列炯苟尼。

Nub rux lieb jiongx geud nib.

葵汝列拢几不，

Kuib rux lieb liongb jid bub，

录汝列拢吉强。

Nub rux lieb liongb jid qiangx.

葵汝休最休走，

Kuib rux xiud zuib xiud zeb，

录汝休走休半。

Nub rux xiud zeb xiud banb.

葵汝几柔几服，

Kuib rux jid roub jid ful，

录汝几柔几录。

Nub rux jid roub jid nub.

葵汝共够几北、

Kuib rux giuongx gout jid beib、

几油列苟猛错猛炯，

Jid youb lieb geud mengb cuob mengb jiongd，

录汝共便吉走、

Nub rux giuongx biat jib zed、

吉共列苟猛底猛内。

Jib giuongx lieb geud mengb did mengb neib.

几江苟错——

Jid jiangb geud cuob—

几边内浪窝见窝嘎，

Jid biant nieb nangb aot jianb aob giax，

几挂内浪窝得窝欧。

Jid guat neib nangb aot deit aob oud.

几占内浪窝标窝斗，

Jid zhuanb niex nangb aob bioud aob deb，

八占内浪窝家窝业。

Bad zhuanb niex nangb aob jiad aob yueb.

内浪否腊扑见否浪，

Neib nangb woub lab pud jianb woub nangb，

窝刀腊内久干咱穷。

Aob diaox lab neib jut ganb zad qiongb.

他拢莎苟拢错拢炯，

Tax nongd sax geud liongb cuob liongb jiongd，

他拢莎苟拢底拢内。

Tax nongd sax geud liongb did liongb neib.

错久修照夯绒，

Cuob jub xiut zhaob hangb rongb，

弟板油照柔穷。

Dix banb yout zhaob rout qiongx.

修哟列扛娘萨你查，

Xiut yod lieb gangb niangb sad nit cat，

油约列扛娘章炯汝。

Yout yod lieb gangb niangb zhuangb jiongx rux.

修哟列扛汝苟猛豆，

Xiut yod lieb gangb rux goub mengt dout，

油约列扛汝公猛炯。

Yout yod lieb gangb rux gongt mengb jiongx.

修哟列扛汝猛产豆，

Xiut yod lieb gangb rux mengb cant dout，

油约列扛汝猛吧就。

Yout yod lieb gangb rux mengb bax jux.

阿——酒——阿——酒——　　　　　　　　　　　　（摇铃放答）

Ab—jiux—ab—jiux—

祖师要来集中，爱了宗师要来集合。

祖师要拥左边，宗师要护右边。

祖师要来成伙，宗师要来成团。

祖师到来到边，宗师到临到齐。

祖师来担来保，宗师来凭来证。

祖师在此桌前，带着主家当神忏悔。

宗师当在桌边，带领主人当祖认错。

忏悔过错——

欺骗别人钱米财物，勾引别人爱妻小妾。

争夺他人的家宅房屋，霸占别人的财产家业。
别人的说成是他的，利刀割人稳不见血。
今天也都来错来悔，今日也都来悔来忏。
错了免去一边，悔了赦在一旁。
免了要送坐得清吉，赦了要送居得平安。
免了要送疾病痊好，赦了要送病体痊愈。
免了要送好去千年，赦了要送好过百岁。
神韵——

葵汝列拢几葡，

Kuib rux lieb liongb jid pongb,

江半录汝列拢吉屋。

Jiangb banb lub rux lieb liongb jib wul.

葵汝列拢召娄，

Kuib rux lieb liongb zhaob neb,

录汝列拢召追。

Nub rux lieb liongb zhaob zhuix,

葵汝列你苟抓，

Kuib rux lieb nit goud zhuab,

录汝列炯苟尼。

Nub rux lieb jiongx geud nib.

葵汝列拢几不，

Kuib rux lieb liongb jid bub,

录汝列拢吉强。

Nub rux lieb liongb jid qiangx.

葵汝休最休走，

Kuib rux xiud zuib xiud zeb,

录汝休走休半。

Nub rux xiud zeb xiud banb.

葵汝几柔几服，

Kuib rux jid roub jid ful,

录汝几柔几录。

Nub rux jid roub jid nub.

葵汝共够几北、

Kuib rux giuongx gout jid beib、

几油列苟猛错猛炯,

Jid youb lieb geud mengb cuob mengb jiongd,

录汝共便吉走、

Nub rux giuongx biat jib zed、

吉共列苟猛底猛内。

Jib giuongx lieb geud mengb did mengb neib.

几江苟错——

Jid jiangb geud cuob—

苟能乱都内浪得拢,

Goud nengb luanx dud nieb nangb deib liongd,

苟到乱扣内浪得图。

Goud daox luanx kud neib nangb deit tux.

达尼几达内浪粮西,

Dab nieb jid dab neib nangb liangb xit,

打油吉抓内浪粮米。

Dab yout jib zhuax neib nangb liangb mid.

他拢莎苟拢错拢炯,

Tax nongd sax geud liongb cuob liongb jiongd,

他拢莎苟拢底拢内。

Tax nongd sax geud liongb did liongb neib.

错久修照夯绒,

Cuob jub xiut zhaob hangb rongb,

弟板油照柔穷。

Dix banb yout zhaob rout qiongx.

修哟列扛娘萨你查,

Xiut yod lieb gangb niangb sad nit cat,

油约列扛娘章炯汝。

Yout yod lieb gangb niangb zhuangb jiongx rux.

修哟列扛汝苟猛豆,

Xiut yod lieb gangb rux goub mengt dout,

油约列扛汝公猛炯。

Yout yod lieb gangb rux gongt mengb jiongx.

修哟列扛汝猛产豆，

Xiut yod lieb gangb rux mengb cant dout,

油约列扛汝猛吧就。

Yout yod lieb gangb rux mengb bax jux.

阿——酒——阿——酒—— （摇铃放筶）

Ab—jiux—ab—jiux—

　　祖师要来集中，爱了宗师要来集合。
　　祖师要拥左边，宗师要护右边。
　　祖师要来成伙，宗师要来成团。
　　祖师到来到边，宗师到临到齐。
　　祖师来担来保，宗师来凭来证。
　　祖师在此桌前，带着主家当神忏悔。
　　宗师当在桌边，带领主人当祖认错。
　　忏悔过错——
　　抬刀乱砍他人竹子，用斧乱伐别人树木。
　　水牯乱踏别人庄稼，黄牛乱踩别家田地。
　　今天也都来错来悔，今日也都来悔来忏。
　　错了免去一边，悔了赦在一旁。
　　免了要送坐得清吉，赦了要送居得平安。
　　免了要送疾病痊好，赦了要送病体痊愈。
　　免了要送好去千年，赦了要送好过百岁。
　　神韵——

嘎内窝冬久退，

Giad neib aot dongt jud tuib,

龙内吧汉久笔。

Longb neib bad hanx jut bib.

窝拔几空出包，

Aob pad jid kongx chud bet,

窝浓几空出篓。

Aob niuongx jid kongx chud loud.

几内出内出总，

Jit niex chud neib chud zongb,

吉忙出绒出棍。

Jib mangb chud rongb chud gunt.

他拢莎苟拢错拢炯，

Tax nongd sax geud liongb cuob liongb jiongd,

他拢莎苟拢底拢内。

Tax nongd sax geud liongb did liongb niex.

错久修照夯绒，

Cuob jub xiut zhaob hangb rongb,

弟板油照柔穷。

Dix banb yout zhaob rout qiongx.

修哟列扛娘萨你查，

Xiut yod lieb gangb niangb sad nit cat,

油约列扛娘章炯汝。

Yout yod lieb gangb niangb zhuangb jiongx rux.

修哟列扛汝苟猛豆，

Xiut yod lieb gangb rux goub mengt dout,

油约列扛汝公猛炯。

Yout yod lieb gangb rux gongt mengb jiongx.

修哟列扛汝猛产豆，

Xiut yod lieb gangb rux mengb cant dout,

油约列扛汝猛吧就。

Yout yod lieb gangb rux mengb bax jux.

阿——酒——阿——酒——　　　　　　　　　　（摇铃放答）

Ab—jiux—ab—jiux—

　　祖师要来集中，爱了宗师要来集合。
　　祖师要拥左边，宗师要护右边。
　　祖师要来成伙，宗师要来成团。
　　祖师到来到边，宗师到临到齐。
　　祖师来担来保，宗师来凭来证。
　　祖师在此桌前，带着主家当神忏悔。

宗师当在桌边，带领主人当祖认错。

忏悔过错——

借人东西不退，赊人财物不还。

女人不肯当席，男人不肯当被。

白天是人，晚上是鬼。

今天也都来错来悔，今日也都来悔来忏。

错了免去一边，悔了赦在一旁。

免了要送坐得清吉，赦了要送居得平安。

免了要送疾病痊好，赦了要送病体痊愈。

免了要送好去千年，赦了要送好过百岁。

神韵——

葵汝列拢几葡，

Kuib rux lieb liongb jid pongb,

江半录汝列拢吉屋。

Jiangb banb lub rux lieb liongb jib wul.

葵汝列拢召娄，

Kuib rux lieb liongb zhaob neb,

录汝列拢召追。

Nub rux lieb liongb zhaob zhuix,

葵汝列你苟抓，

Kuib rux lieb nit goud zhuab,

录汝列炯苟尼。

Nub rux lieb jiongx geud nib.

葵汝列拢几不，

Kuib rux lieb liongb jid bub,

录汝列拢吉强。

Nub rux lieb liongb jid qiangx.

葵汝休最休走，

Kuib rux xiud zuib xiud zeb,

录汝休走休半。

Nub rux xiud zeb xiud banb.

葵汝几柔几服，

Kuib rux jid roub jid ful,

录汝几柔几录。

Nub rux jid roub jid nub.

葵汝共够几北、

Kuib rux giuongx gout jid beib、

几油列苟猛错猛炯,

Jid yout lieb geud mengb cuob mengb jiongd,

录汝共便吉走、

Nub rux giuongx biat jib zed、

吉共列苟猛底猛内。

Jib giuongx lieb geud mengb did mengb neib.

几江苟错——

Jid jiangb geud cuob—

早他粮西粮米,

Zaot tat liangb xid liangb mid,

吉共麻服麻能。

Jib gongx mab fub mab nongb.

抱狗几没冲虾,

Beb guoud jid meib chongx xiad,

抱爬几没冲理。

Beb bax jit meib chongx lid.

背斗几没交夫,

Beid deb jid mib jiaod fud,

背炯几没吉卡。

Beid jiongx jit meib jib kax.

向内向猛半苟,

Xiangt neib xiangt mengb banb geud,

害内害猛半让。

Haix neib haix mengb banb rangb.

他拢莎苟拢错拢炯,

Tax nongd sax geud liongb cuob liongb jiongd,

他拢莎苟拢底拢内。

Tax nongd sax geud liongb did liongb niex.

错久修照夯绒,

Cuob jub xiut zhaob hangb rongb,

弟板油照柔穷。

Dix banb yout zhaob rout qiongx.

修哟列扛娘萨你查,

Xiut yod lieb gangb niangb sad nit cat,

油约列扛娘章炯汝。

Yout yod lieb gangb niangb zhuangb jiongx rux.

修哟列扛汝苟猛豆,

Xiut yod lieb gangb rux goub mengt dout,

油约列扛汝公猛炯。

Yout yod lieb gangb rux gongt mengb jiongx.

修哟列扛汝猛产豆,

Xiut yod lieb gangb rux mengb cant dout,

油约列扛汝猛吧就。

Yout yod lieb gangb rux mengb bax jux.

阿——酒——阿——酒——　　　　　　　（摇铃放答）

Ab—jiux—ab—jiux—

祖师要来集中,爱了宗师要来集合。
祖师要拥左边,宗师要护右边。
祖师要来成伙,宗师要来成团。
祖师到来到边,宗师到临到齐。
祖师来担来保,宗师来凭来证。
祖师在此桌前,带着主家当神忏悔。
宗师当在桌边,带领主人当祖认错。
忏悔过错——
糟蹋五谷粮米,沤烂五谷杂粮。
打狗不讲道理,打猪不讲公道。
防火没有招呼,消防没有做到。
伤人伤到寨中,害人害到寨内。
今天也都来错来悔,今日也都来悔来忏。
错了免去一边,悔了赦在一旁。

免了要送坐得清吉，赦了要送居得平安。

免了要送疾病痊好，赦了要送病体痊愈。

免了要送好去千年，赦了要送好过百岁。

神韵——

葵汝列拢几葡，

Kuib rux lieb liongb jid pongb，

江半录汝列拢吉屋。

Jiangb banb lub rux lieb liongb jib wul.

葵汝列拢召娄，

Kuib rux lieb liongb zhaob neb，

录汝列拢召追。

Nub rux lieb liongb zhaob zhuix，

葵汝列你苟抓，

Kuib rux lieb nit goud zhuab，

录汝列炯苟尼。

Nub rux lieb jiongx geud nib.

葵汝列拢几不，

Kuib rux lieb liongb jid bub，

录汝列拢吉强。

Nub rux lieb liongb jid qiangx.

葵汝休最休走，

Kuib rux xiud zuib xiud zeb，

录汝休走休半。

Nub rux xiud zeb xiud banb.

葵汝几柔几服，

Kuib rux jid roub jid ful，

录汝几柔几录。

Nub rux jid roub jid nub.

葵汝共够几北、

Kuib rux giuongx gout jid beib、

几油列苟猛错猛炯，

Jid yout lieb geud mengb cuob mengb jiongd，

录汝共便吉走、

Nub rux giuongx biat jib zed、

吉共列苟猛底猛内。

Jib giuongx lieb geud mengb did mengb neib.

几江苟错——

Jid jiangb geud cuob—

补茶冬半，

But cat dongt banb,

补走腊炮。

But zeb lab paox.

牛绒牛棍，

Niub rongb niub gunt,

牛标牛睡。

Niub biaox niub shuix.

几得几北昂怕，

Jid deib jid beib angb pat,

吉秋吉江公柔。

Jib quix jib jiangx gongt reub.

几得几北炯达，

Jid deib jid beib jiongb dab,

吉秋吉瓦炯周。

Jib quix jib wab jiongb zhoub.

鸟茶几没到服，

Niaob cat jid meib daox fub,

弄然几没到龙。

Nongx rab jid meib daox nongb.

他拢莎苟拢错拢炯，

Tax nongd cax goud liongb cuob liongb jiongd,

他拢莎苟拢底拢内。

Tax nongd sax goud liongb did liongb niex.

错久修照夯绒，

Cuob jub xiut zhaob hangb rongb,

弟板油照柔穷。

Dix banb yout zhaob rout qiongx.

修哟列扛娘萨你查，

Xiut yod lieb gangb niangb sad nit cat,

油约列扛娘章炯汝。

Yout yod lieb gangb niangb zhuangb jiongx rux.

修哟列扛汝苟猛豆，

Xiut yod lieb gangb rux goub mengt dout,

油约列扛汝公猛炯。

Yout yod lieb gangb rux gongt mengb jiongx.

修哟列扛汝猛产豆，

Xiut yod lieb gangb rux mengb cant dout,

油约列扛汝猛吧就。

Yout yod lieb gangb rux mengb bax jux.

阿——酒——阿——酒——　　　　　　　　（摇铃放箸）

Ab—jiux—ab—jiux—

祖师要来集中，爱了宗师要来集合。

祖师要拥左边，宗师要护右边。

祖师要来成伙，宗师要来成团。

祖师到来到边，宗师到临到齐。

祖师来担来保，宗师来凭来证。

祖师在此桌前，带着主家当神忏悔。

宗师当在桌边，带领主人当祖认错。

忏悔过错——

牛尊牛祖，牛尊牛贵。

阳间分供肉之所，阳间分供粑之处。

分配七呈之所，分散七献之处(吃猪所敬的元祖神)。

信士的口中没有得喝，户主的嘴内没有得吃。

今天也都来错来悔，今日也都来悔来忏。

错了免去一边，悔了赦在一旁。

免了要送坐得清吉，赦了要送居得平安。

免了要送疾病痊好，赦了要送病体痊愈。

免了要送好去千年，赦了要送好过百岁。

神韵——

葵汝列拢几葡,

Kuib rux lieb liongb jid pongb,

江半录汝列拢吉屋。

Jiangb banb lub rux lieb liongb jib wul.

葵汝列拢召娄,

Kuib rux lieb liongb zhaob neb,

录汝列拢召追。

Nub rux lieb liongb zhaob zhuix,

葵汝列你苟抓,

Kuib rux lieb nit goud zhuab,

录汝列炯苟尼。

Nub rux lieb jiongx geud nib.

葵汝列拢几不,

Kuib rux lieb liongb jid bub,

录汝列拢吉强。

Nub rux lieb liongb jid qiangx.

葵汝休最休走,

Kuib rux xiud zuib xiud zeb,

录汝休走休半。

Nub rux xiud zeb xiud banb.

葵汝几柔几服,

Kuib rux jid roub jid ful,

录汝几柔几录。

Nub rux jid roub jid nub.

葵汝共够几北、

Kuib rux giuongx gout jid beib、

几油列苟猛错猛炯,

Jid yout lieb geud mengb cuob mengb jiongd,

录汝共便吉走、

Nub rux giuongx biat jib zed、

吉共列苟猛底猛内。

Jib giuongx lieb geud mengb did mengb neib.

几江苟错——

Jid jiangb geud cuob—

牛如图照，

Niub rub tux zhaox,

几得声格、

Jid deib shongt gieb、

吉秋洽陇。

Jib quix qiax liongs.

声格乙如，

Shongt gieb yib rub,

洽陇乙强。

Qiax liongb yib qiangx.

干力干转，

Gand lib gand zhuanb,

嘎同嘎他。

Gad tongb giad tax.

阿约为——

Ab yob weib—

错久得竹列扛娘萨，

Cuob jub deit zhub lieb gangb niangb sad,

弟板吉标列扛娘章。

Dix banb jib bioud lieb gangb niangb zhuangb.

他拢莎苟拢错拢炯，

Tax nongd sax goud liongb cuob liongb jiongx,

他拢莎苟拢底拢内。

Tax nongd sax geud liongb did liongb neib.

他拢莎苟拢错拢炯，

Tax nongd sax geud liongb cuob liongb jiongd,

他拢莎苟拢底拢内。

Tax nongd sax geud liongb did liongb neib.

错久修照夯绒，

Cuob jub xiut zhaob hangb rongb,

弟板油照柔穷。

Dix banb yout zhaob rout qiongx.

修哟列扛娘萨你查，

Xiut yod lieb gangb niangb sad nit cat，

油约列扛娘章炯汝。

Yout yod lieb gangb niangb zhuangb jiongx rux.

修哟列扛汝苟猛豆，

Xiut yod lieb gangb rux goub mengt dout，

油约列扛汝公猛炯。

Yout yod lieb gangb rux gongt mengb jiongx.

修哟列扛汝猛产豆，

Xiut yod lieb gangb rux mengb cant dout，

油约列扛汝猛吧就。

Yout yod lieb gangb rux mengb bax jux.

阿——酒——阿——酒—— （摇铃放筶）

Ab—jiux—ab—jiux—

祖师要来集中，爱了宗师要来集合。

祖师要拥左边，宗师要护右边。

祖师要来成伙，宗师要来成团。

祖师到来到边，宗师到临到齐。

祖师来担来保，宗师来凭来证。

祖师在此桌前，带着主家当神忏悔。

宗师当在桌边，带领主人当祖认错。

忏悔过错——

阳间大祭之所。

歌唱场中，鼓舞堂内。

歌声震天，鼓舞动地。

串去串来，跳上跳下。

呼叫声——

忏了家中要送清吉，悔了家内要送平安。

今天也都来错来悔，今日也都来悔来忏。

错了免去一边，悔了赦在一旁。

免了要送坐得清吉，赦了要送居得平安。

免了要送疾病痊好，赦了要送病体痊愈。

免了要送好去千年，赦了要送好过百岁。

神韵——

葵汝列拢几葡，

Kuib rux lieb liongb jid pongb，

江半录汝列拢吉屋。

Jiangb banb lub rux lieb liongb jib wul.

葵汝列拢召娄，

Kuib rux lieb liongb zhaob neb，

录汝列拢召追。

Nub rux lieb liongb zhaob zhuix，

葵汝列你苟抓，

Kuib rux lieb nit goud zhuab，

录汝列炯苟尼。

Nub rux lieb jiongx geud nib.

葵汝列拢几不，

Kuib rux lieb liongb jid bub，

录汝列拢吉强。

Nub rux lieb liongb jid qiangx.

葵汝休最休走，

Kuib rux xiud zuib xiud zeb，

录汝休走休半。

Nub rux xiud zeb xiud banb.

葵汝几柔几服，

Kuib rux jid roub jid ful，

录汝几柔几录。

Nub rux jid roub jid nub.

葵汝共够几北、

Kuib rux giuongx gout jid beib、

几油列苟猛错猛炯，

Jid youb lieb geud mengb cuob mengb jiongd，

录汝共便吉走、

Nub rux giuongx biat jib zed、

吉共列苟猛底猛内。

Jib giuongx lieb geud mengb did mengb neib.

几江苟错——

Jid jiangb geud cuob—

虐西得忙巧起、

Nub xit deit mangb qiaot qit、

苟龙几穷格留洞绒,

Goub longb jit qiongb gid liub dongt rongb,

苟到吉话腊绒棍冬。

Goud daox jib huax lab rongb gunt dongt.

吾嘎八容、

Wut gad biab yongb、

葡窝否浪记秀,

Pud aox woub nangb jit xiut,

八窝否浪几得。

Biab aox woub nangb jid deib.

扛否照比夫拿棉绒,

Gangb woub zhaob bid fud nab mianb rongb,

照起昂拿柔然。

Zhaob qit angb nab roub rab.

他拢莎苟拢错拢炯,

Tax nongd sax geud liongb cuob liongb jiongd,

他拢莎苟拢底拢内。

Tax nongd sax geud liongb did liongb neib.

错久修照夯绒,

Cuob jub xiut zhaob hangb rongb,

弟板油照柔穷。

Dix banb yout zhaob rout qiongx.

修哟列扛娘萨你查,

Xiut yod lieb gangb niangb sad nit cat,

油约列扛娘章炯汝。

Yout yod lieb gangb niangb zhuangb jiongx rux.

修哟列扛汝苟猛豆，

Xiut yod lieb gangb rux goub mengt dout，

油约列扛汝公猛炯。

Yout yod lieb gangb rux gongt mengb jiongx.

修哟列扛汝猛产豆，

Xiut yod lieb gangb rux mengb cant dout，

油约列扛汝猛吧就。

Yout yod lieb gangb rux mengb bax jux.

阿——酒——阿——酒——　　　　　　　　（摇铃放筶）

Ab—jiux—ab—jiux—

祖师要来集中，爱了宗师要来集合。
祖师要拥左边，宗师要护右边。
祖师要来成伙，宗师要来成团。
祖师到来到边，宗师到临到齐。
祖师来担来保，宗师来凭来证。
祖师在此桌前，带着主家当神忏悔。
宗师当在桌边，带领主人当祖认错。
忏悔过错——
过去坏心之人、
用刀来砍阳间神堂，用斧来劈阳间神殿。
罪恶之水、
洒着他的衣服，泼着他的身体。
让他头肿大如神鼓，腹胀大如神筐。
今天也都来错来悔，今日也都来悔来忏。
错了免去一边，悔了赦在一旁。
免了要送坐得清吉，赦了要送居得平安。
免了要送疾病痊好，赦了要送病体痊愈。
免了要送好去千年，赦了要送好过百岁。
神韵——

葵汝列拢几葡，

Kuib rux lieb liongb jid pongb,

江半录汝列拢吉屋。

Jiangb banb lub rux lieb liongb jib wul.

葵汝列拢召娄,

Kuib rux lieb liongb zhaob neb,

录汝列拢召追。

Nub rux lieb liongb zhaob zhuix,

葵汝列你苟抓,

Kuib rux lieb nit goud zhuab,

录汝列炯苟尼。

Nub rux lieb jiongx geud nib.

葵汝列拢几不,

Kuib rux lieb liongb jid bub,

录汝列拢吉强。

Nub rux lieb liongb jid qiangx.

葵汝休最休走,

Kuib rux xiud zuib xiud zeb,

录汝休走休半。

Nub rux xiud zeb xiud banb.

葵汝几柔几服,

Kuib rux jid roub jid ful,

录汝几柔几录。

Nub rux jid roub jid nub.

葵汝共够几北、

Kuib rux giuongx gout jid beib、

几油列苟猛错猛炯,

Jid youb lieb geud mengb cuob mengb jiongd,

录汝共便吉走、

Nub rux giuongx biat jib zed、

吉共列苟猛底猛内。

Jib giuongx lieb goud mengb did mengb niex.

几江苟错——

Jid jiangb geud cuob—

几北竹岭，

Jie beib zhub liuongt,

吉走禾肥竹共。

Jib zed aob feib zhub gongx.

纠奶达齐这汝，

Jiongb leit dab qit zhex rux,

纠图达恩泻格。

Jiongb tub dat ghongb xiex gieb.

虐西北达洽走几单，

Nub xit beid dab qiax zed jid dand,

虐夏袍泻洽送几送。

Nub xiax paox xiex qiax songx jib songx.

他拢几北几穷，

Tax nongd jid beib jib qiongx,

他拢几穷几袍。

Tax nongd jib qiongx jib paox.

他拢莎苟拢错拢炯，

Tax nongd sax geud liongb cuob liongb jiongd,

他拢莎苟拢底拢内。

Tax nongd sax geud liongb did liongb niex.

错久修照夯绒，

Cuob jub xiut zhaob hangb rongb,

弟板油照柔穷。

Dix banb yout zhaob rout qiongx.

修哟列扛娘萨你查，

Xiut yod lieb gangb niangb sad nit cat,

油约列扛娘章炯汝。

Yub yod lieb gangb niangb zhuangb jiongx rux.

修哟列扛汝苟猛豆，

Xiut yod lieb gangb rux goub mengt dout,

油约列扛汝公猛炯。

Yout yod lieb gangb rux gongt mengb jiongx.

修哟列扛汝猛产豆，

Xiut yod lieb gangb rux mengb cant dout,

油约列扛汝猛吧就。

Yout yod lieb gangb rux mengb bax jux.

阿——酒——阿——酒——   （摇铃放筶）

Ab—jiux—ab—jiux—

　　祖师要来集中，爱了宗师要来集合。

　　祖师要拥左边，宗师要护右边。

　　祖师要来成伙，宗师要来成团。

　　祖师到来到边，宗师到临到齐。

　　祖师来担来保，宗师来凭来证。

　　祖师在此桌前，带着主家当神忏悔。

　　宗师当在桌边，带领主人当祖认错。

　　忏悔过错——

　　祭祖大桌，敬神供案。

　　九只好碗净碗，九个金碗银碗。

　　从前泼酒恐交不到，过去泼供怕敬不灵。

　　今天不泼不撒，今日不撒不散。

　　今天也都来错来悔，今日也都来悔来忏。

　　错了免去一边，悔了赦在一旁。

　　免了要送坐得清吉，赦了要送居得平安。

　　免了要送疾病痊好，赦了要送病体痊愈。

　　免了要送好去千年，赦了要送好过百岁。

（三）他数他那·Tad sud tad liax·开锁解索

他弄列除他数浪松，

Tax nongd lieb chub tad sud nangb songt,

忙弄列岔他那浪莎。

Mangx nongd lieb chax tax liab nangb sad.

列起他数浪度，

Lieb kid tad sud nangb dux,

列涌他那浪树。

Lieb yongx tax liab nangb shux.

列理他数浪公,

Lieb lid tad sud nangb gongt,

列岔他那浪儿。

Lieb chax tax liab nangb jid.

列你他数浪浪,

Lieb nit tad sud nangd nangb,

列休他那浪秋。

Lieb xiut tad liab nangb qiux.

列理窝够,列岔背高。

Lieb lid aot gout, lieb chax beid gaod.

到够扛充,列除扛汝。

Daox geb gangb congt, lieb chub gangb rux.

喂扑喂你打纵刚棍,

Weib pub weib nit dad zongb gangt gunt,

喂岔喂炯吉秋削猛。

Weib chax weib jiongx jib qiux xuob mengb.

阿——酒——阿——酒——　　　　　　　（摇铃放箸）

Ab—jiux—ab—jiux—

　　神韵——
　　到此要吟脱枷的诗,到来要唱解索的歌。
　　要讲脱枷的话,要表解索的意。
　　要理脱枷的根,要清解索的底。
　　要在脱枷的场,要做解索的事。
　　要理源头,要寻根菀。
　　要唱送清,要吟送畅。
　　我说我在祭神场中,我讲我坐敬祖堂内。
　　神韵——

列猛然鸟得忙他数,

Lieb mengb rab niaob deit mangb tad sud,

度忙他那。

Dux mangb tax liax.

喂斗得寿、

Web doub deib shet、

补散炯单达纵刚棍,

But sant jiongx dand dab zongb gangt gunt,

剖弄告得、

Bout nongx gaot deit、

补虐炯送吉秋学猛。

But niub jiongx songx jib qiux xuob mengb.

产棍几没然鸟,

Chant gunt jid meib rab niaob,

吧母几没弄奈。

Bax mux jid meib liongb naix.

列拢然鸟——

Lieb liongb rab niaob—

补产葵忙他数,

But chant kiub mangb tad sud,

补吧糯忙他那。

But bax nub mangb tax liax.

然鸟——

Rab niaob—

便告斗补,

Biat gaox doub bub,

照告然冬。

Zhaob gaox rab dongt.

棍缪棍昂、

Gunt mioub gunt angb、

得寿产鹅棍空,

Deit shet chant eb gunt kongt,

傩汝吧图棍得。

Niub rux bax tub gunt deit.

然鸟——

Rab niaob—

补产共格，

But chant gongt gied,

补吧共色。

But bax gongx seid.

补产藏立，

But chant zangx lib,

补吧藏梅。

But bax zangx meib.

补产良能锐锐照篓，

But chant lail nongb ruit ruit zhaob noub,

补吧良同让让照追。

But bax lial tongb rangb rangb zhaob zhuix.

补产不包陇嘎，

But chant bub bet liongl gad,

补吧不嘎图闹。

But bax bub gad tux liuaob.

照休总寿吉标，

Zhaob xiud zongx shet jib bioud,

照闹秋得记竹。

Zhaob laox qiux deib jid zhub.

拢单吉图，

Liong dand jid tub,

炯送吉浪。

Jiongx songx jib niangb.

拢单埋候他数，

Liongb dand maib hex tad sud,

拢送埋候他那。

Liongb songx maib hex tax liax.

阿——酒——阿——酒——　　　　　　　　　　（摇铃放箸）

Ab—jiux—ab—jiux—

神韵——

要去奉请宗师脱枷，祖师解索。

吾本弟子、三番坐到敬神坛中，

我这师郎、三次坐到祭祖堂内。

千神没有来请，百祖没有来迎。

要来奉请——

五方土地，六方龙神，鱼神肉神，

弟子千位交钱祖师，师郎百位度纸宗师。

奉请——

三千脱枷的宗师，三百解索的祖师。

三千抬旗，三百抬标。

三千骑驴，三百骑马。

三千舞刀渺渺在前，三百弄枪赳赳在后。

三千披袍穿甲，三百戴盔戴冠。

从家中祖坛请起，从家内祖殿请下。

来到这里，来临此间。

到边要帮主家脱枷，到来要把信士解索。

神韵——

他弄列除他数浪松，

Tax nongd lieb chub tad sud nangb songt,

忙弄列岔他那浪莎。

Mangx nongd lieb chax tax liab nangb sad.

列起他数浪度，

Lieb kid tad sud nangb dux,

列涌他那浪树。

Lieb yongx tax liab nangb shux.

列理他数浪公，

Lieb lid tad sud nangb gongt,

列岔他那浪儿。

Lieb chax tax liab nangb jid.

列你他数浪浪，

Lieb nit tad sud nangd nangb,

列休他那浪秋。

Lieb xiut tad liab nangb qiux.

列理窝够，

Lieb lid aot gout，

列岔背高。

Lieb chax beid gaod.

到够扛充，

Daox geb gangb congt，

列除扛汝。

Lieb chub gangb rux.

喂扑喂你打纵刚棍，

Weib pub weib nit dad zongb gangt gunt，

喂岔喂炯吉秋削猛。

Weib chax weib jiongx jib qiux xuob mengb.

阿——酒——阿——酒——　　　　　　　　　（摇铃放答）

Ab—jiux—ab—jiux—

　　神韵——
　　到此要吟脱枷的诗，到来要唱解索的歌。
　　要讲脱枷的话，要表解索的意。
　　要理脱枷的根，要清解索的底。
　　要在脱枷的场，要做解索的事。
　　要理源头，要寻根菀。
　　要唱送清，要吟送畅。
　　我说我在祭神场中，我讲我坐敬祖堂内。
　　神韵——

列猛然鸟得忙他数，

Lieb mengb rab niaob deit mangb tad sud，

度忙他那。

Dux mangb tax liax.

喂斗得寿、

Web doub deib shet、

补散炯单达纵刚棍，

But sant jiongx dand dab zongb gangt gunt，

剖弄告得、

Bout nongx gaot deit、

补虐炯送吉秋学猛。

But niub jiongx songx jib qiux xuob mengb.

产棍几没然鸟，

Chant gunt jid meib rab niaob，

吧母几没弄奈。

Bax mux jid meib liongb naix.

列拢然鸟——

Lieb liongb rab niaob—

补产葵忙他数，

But chant kiub mangb tad sud，

补吧糯忙他那。

But bax nub mangb tax liax.

然鸟——

Rab niaob—

便告斗补，

Biat gaox doub bub，

照告然冬。

Zhaob gaox rab dongt.

棍缪棍昂、

Gunt mioub gunt angb、

得寿产鹅棍空，

Deit shet chant eb gunt kongt，

傩汝吧图棍得。

Niub rux bax tub gunt deit.

然鸟——

Rab niaob—

补产共格，

But chant gongt gied，

补吧共色。

But bax gongx seid.

补产藏立，

But chant zangx lib，

补吧藏梅。

But bax zangx meib.

补产良能锐锐照篓，

But chant lail nongb ruit ruit zhaob noub，

补吧良同让让照追。

But bax lial tongb rangb rangb zhaob zhuix.

补产不包陇嘎，

But chant bub bet liongl gad，

补吧不嘎图闹。

But bax bub gad tux liuaob.

照休总寿吉标，

Zhaob xiud zongx shet jib bioud，

照闹秋得记竹。

Zhaob laox qiux deib jid zhub.

拢单吉图，

Liong dand jid tub，

炯送吉浪。

Jiongx songx jib niangb.

拢单埋候他数，

Liongb dand maib hex tad sud，

拢送埋候他那。

Liongb songx maib hex tax liax.

阿——酒——阿——酒——　　　　　　　　　　（摇铃放答）

Ab—jiux—ab—jiux—

神韵——
要去奉请宗师脱枷，祖师解索。
吾本弟子、三番坐到敬神坛中，
我这师郎、三次坐到祭祖堂内。
千神没有来请，百祖没有来迎。

要来奉请——

五方土地，六方龙神，鱼神肉神，

弟子千位交钱祖师，师郎百位度纸宗师。

奉请——

三千脱枷的宗师，三百解索的祖师。

三千抬旗，三百抬标。

三千骑驴，三百骑马。

三千舞刀渺渺在前，三百弄枪趔趔在后。

三千披袍穿甲，三百戴盔戴冠。

从家中祖坛请起，从家内祖殿请下。

来到这里，来临此间。

到边要帮主家脱枷，到来要把信士解索。

神韵——

他数列充葵汝产鹅棍空，

Tad sud lieb congd kiub rux chant eb gunt kongt，

他那列然傩汝吧图棍得。

Tad liax lieb rab nub rux bax tub gunt deit.

他数叉抓，

Tad sud chad zhub，

他那叉热。

Tad liax chad reib.

几长窝汝意记笪斗，

Jid changb aot rux yib jid songx doub，

得寿列充葵汝产鹅棍空。

Deib shet lieb congd kiub rux chant eb gunt kongt.

几长窝汝依达穷炯，

Jid changb aot rux yit dat qiongx jiongb，

弄得列然傩汝吧图棍得。 （祖师诀）

Liongx deib lieb rab niub rux bax tub gunt deib.

棍空斗你纵寿吉标，

Ghunt kongt doub nit zongb shet jib bioud，

弄得斗炯秋得记竹。

Liongx deib doub jiongx qiux deib jid zhub.

列苟送斗猛充，

Lieb goud songx doub mengb congd，

列共穷炯猛然。　　　　　　　　　　　　　（香碗诀）

Lieb gongx qiongb jiongx mengb rab.

　　解锁要请弟子的千位祖师，解索要请师郎的百位宗师。
　　解锁才开，解索才脱。
　　诚心烧好蜂蜡糠香，诚心奉弟子的千位祖师。
　　诚意烧好纸团火烟，诚意奉请师郎的百位宗师。
　　祖师安坐家中祖坛，宗师安奉家内祖殿。
　　要拿香烟去请，要用香雾去迎。

几长窝汝意记送斗，

Jid changb aot rux yib jid songx doub，

几长然鸟葵汝产鹅棍空。

Jid changb rab niaob kiub rux chant eb gunt kongt.

几长窝汝以打穷炯，

Jid changb aot rux yit dat qiongx jiongb，

几长弄奈录汝吧图棍得。

Jid changb liongb naix lub rux bax tub gunt deib.

便告斗补，

Biat gaod doub bub，

照告然冬。

Zhaox gaox rab dongt.

阿剖斗补告补，

Ad pout doub bub gaod bub，

阿乜斗冬告绒。

Ad nias doub dongt gaod rongb.

虐西拢立几苟总剖，

Nub xit liongb lib jid geud zongd pout，

虐夏拢立几让总乜。

Nub xiat liongb lib jid rangb zongb nias.

阿苟内浪剖绒，

Ad geub neib nangd pout rongb，

阿让总浪剖棍。

Ad rangb zongt nangb pout gunt.

总剖斗白阿苟，

Zongt pout deb beid ad geud，

总乜发白阿让。

Zongt nias fat beid ab rangb.

再斗吉标内浪向剖向乜，

Zaix doub jib bioud niex nangd xiangt pout xiangt nias，

吉高度内几竹向内向骂。

Jid gaod dub neib jid zhub xiangt neib xiangt max.

几纵棍缪得忙吉子，

Jid zongb gunt mioub deit mangb jib zid，

吉秋棍昂度忙吉录。

Jib qiux gunt angb dux mangb jib lub.

再斗得寿产鹅棍空，

Zaix doub deit shet chant eb gunt kongt，

吉高录汝吧图棍得。

Jib gaod lub rux bax tux gunt deit.

喂浪补产葵莽告见、

Weib nangd but chant kiub mangx gaod jianb、

喂列抓葡几最吉走，

Weib lieb zhuab pux jid zuib jib zoub，

剖浪补吧催忙送嘎，

Bout nangd but bax niub mangb songx gax，

莎列寿葡吉走吉板。

Shat lieb shet pux jid zoub jib banb.

　　诚心烧好蜂蜡糠香，诚心奉请弟子的千位祖师。
　　诚意烧好纸团火烟，诚意奉请师郎的百位宗师。
　　五方土地，六路龙神，
　　管辖本地老祖公，管理本处老祖婆。

古代来立本村的开始祖，古时来立本寨的开始人。

一村人的总祖，一寨人的总婆。

总祖发满一村，总婆育满一寨。

还有主家人的祖公祖婆，和起主人一家的先母先父。

鱼神司鱼能手郎子，肉神司肉办供郎君，

还有弟子的千位宗师，和起师郎百位祖师。

弟子的三千交钱祖师，我也查名齐来齐到。

师郎的三百度纸宗师，我也点字齐到齐临。

窝汝意记送斗，

Aot rux yix jid songx doub,

柔汝依打穷炯。　　　　　　　　　　　　　　（香碗诀）

Roub rux yit dat qiongx jiongb.

产棍几没然鸟，

Chanx ghunt jid meib rab niaob,

吧母几没弄奈。

Bab mud jid meib nongd naix.

列拢然鸟——　　　　　　　　　　　　（各官口的祖师诀）

Lieb liongb rad niaob—

然鸟太棍共米、

Rab niaob tait gunt gongx mit、

公加、首关、四贵，　　　　　　　（巳官、辰官、酉官、寅官诀）

Gongd jiad、shoud guand、six giux,

太棍米章、巴高、国峰、明鸿，　（午官、戌官、巳官、卯官诀）

Taix gunt mit zhuangd、bad gaod、guob fengd、mingb hongx,

太棍仕贵、后保，　　　　　　　　　　　（巳官、申官诀）

Tait gunt shid giux、houx baod,

苟太光珍、勇贤、　　　　　　　　　　（申官、戌官诀）

Goud taix guangd zhengd、yongd xianb、

光三、老七、跃恩，　　　　　　　（卯官、巳官、申官诀）

Guangd sand、laod qib、yiex engd,

苟太席乙、江远、林花、老苟、　（未官、卯官、子官、午官诀）

Goud taib xib yix、jiangd yand、linb huad、laod goud、

共四、老弄、 　　　　　　　　　　　（辰宫、寅宫诀）

Gongx six、laod nongt、

千由、天才、炯容、同兰， 　　　　（丑宫、巳宫、酉宫、亥宫诀）

Qiand youb、tianb caib、jiongx rongb、tongb lan,

苟太强贵、龙贵、 　　　　　　　　　（亥宫、丑宫诀）

Goud taib qiangb giux、longb giux、

光合、冬顺、得水， 　　　　　　　　（卯宫、申宫、未宫诀）

Guangd hob、dongd shunx、deib shiut,

苟剖双全，苟剖长先， 　　　　　　　（未宫、午宫诀）

Goud bout shuangd quanb, goud bout changb xiand,

苟打二哥、那那…… 　　　　　　　　（酉宫、辰宫诀）

Goud dad erx ged、nat nat…

补谷阿柔告寿，

But guot ad roub gaot shout,

补谷欧柔告德。

But guob out roub gaot deit.

补产葵忙告见，

But chanx kuib mangb gaot jianb,

抓葡几最吉走。

Zhuad pux jid zuib jib zoub.

补吧录忙送嘎，

But bad lub mangb songx gad,

寿葡吉走吉板。

Shoux pux jid zoub jib banb.

　　烧好峰蜡糠香，燃起纸团香烟。
　　千神没有奉请，百鬼没有奉迎。
　　要来奉请——
　　奉请祖太共米、共甲、仕官、首贵，
　　祖太明章、巴高、国峰、明鸿，
　　祖太仕贵、后宝，
　　祖太光朱、勇贤、光三、老七、跃恩，
　　祖太席玉、江远、林华、老苟、共四、老弄、

千有、天财、进荣、腾兰，
祖太强贵、隆贵、光合、冬顺、得水，
叔公双全，祖公长先，
外祖二哥、大大……
三十一代祖师，三十二代弟子。
三千交钱祖师，查名皆齐皆遍。
三百度纸宗师，点字皆遍皆全。

列拢然鸟——

Leib liongb rad niaob—

绒魁龙贵洞庆，

Rongb kiub longb guix dongd qinx,

成久长先补玛。

Chenb jiud changb xiand bub mual.

休鸟喂然埋浪，

Xut niaob weib rad maib nangb,

然弄喂奈埋洞。

Rab longb weib naix maib dongx.

得寿架格腊咱，

Deit shet jid giet lab zad,

弄得查梅腊干。

Nongd deit chab meib lab ganb.

棍空斗你喂浪打篓，

Gunt kongt doub nit weib nangb dat let,

棍得斗炯喂浪达比。

Gunt deit doub jiongx weib nangd dab bix.

斗你喂浪达起几图，

Doub nit weib nangb dab kid jid tub,

斗炯喂浪达写吉郎。

Doub jiongx weib nangd dab xie jib nangb.

埋自尼剖，

Maib zix nib bout,

剖自尼埋，

Bout zit nib maib,

埋尼喂浪打楼达起，

Maib nib weib nangb dat let dat qit,

喂尼埋浪吉久几得。

Weib nib maib nangd jib jud jid deib.

要来奉请——

绒魁龙贵洞冲，奉迎成久长先洞寨。

我讲你们得听，我说你们得闻。

弟子闭眼观想，师郎抬眼观看。

祖师都在我的脑海，祖师坐在我的脑门。

祖师在我心念之中，宗师在我意念之内。

你们就是我们，我们就是你们。

你们就是我们的心脑神魂，我们就是你们的身体骨肉。

埋列你喂苟抓，

Maib lieb nit weib goud zhuab,

埋列炯喂苟尼。

Maib lieb jiongx weib goud nib.

你喂苟娄，

Nit weib goud neb,

炯喂苟追。

Jiongx weib goud zhuix.

告见几单吉候告见扛单，

Gaod jianb jid dand jib houx gaod jianb gangb dand,

送嘎几送吉候送嘎扛送。

Songx gad jid songx jib houx songx gad gangb songx.

告见几扛几白纠录乙苟，

Gaod jianb jid gangb jid beid jiub lub yib goud,

送嘎几扛热然谷叉图公。

Songx gad jid gangb reib rab guob chad tux gongt.

告见列扛莎单，

Gaod jianb lieb gangb sax dand,

送嘎列扛莎送。

Songx gad lieb gangb sax songx.

剖扑列扛麻见，

Pout pub lieb gangb mab jianb,

喂岔列扛麻尼。

Weib chax lieb gangb mab nib.

剖扑列扛莎中，

Bout pub lieb gangb sax zhongd,

喂岔列扛莎见。

Weib chax lieb gangb sax jianb.

告见你到先头，

Gaod jianb nit daox xiand teb,

送嘎炯到木汝。

Songxt gad jiongx daox mub rux.

你气葡剖葡娘，

Nit qit pud pout pud nias,

炯气葡内葡玛。

Jiongx qit pud neid pud max.

你气窝柔斗补，

Nit qit aob rout doub bub,

炯气窝图然冬。

Jiongx qit aob tub rad dongt.

你气冬林夯公，

Nit qit dongt liuongb hangb gongt,

炯气绒善夯踏。

Jiongx qit rongb shait hangb tax.

到边你们要拥我的左边，到来你们要护我的右边。
拥我前边，护我后边。
主持不好帮助主持送好，主祭不到帮助主祭送到。
主持不要主歪主偏，主祭不要主坏主乱。
主持要送得准，主祭要送得灵。
我讲就要得应，我说就要灵验。

我讲就要成功，我说就要准数。
　　主持坐得长寿，主祭活得长命。
　　居来光宗耀祖，坐来荣母耀父。
　　居如古老大岩，坐如古老大树。
　　居如大川大坝，坐如高山大地。

内没见恩头果，

Neib meib jianb ghongb tel guet，

见抗头浪。

Jianb kangx tel nangb.

几窝尼头尼抗，

Jid aot nib tel nib kangx，

窝拢尼见尼嘎。

Aot liongb nib jianb nib gad.

到见苟猛几白，

Daox jianb goud mengb jid beit，

到嘎苟猛吉炯。

Daox gad goud mengb jib jiongb.

修照埋浪热洞热恩，

Xiut zhaob maib nangb reb dongb reb ghongb，

见照埋浪热光热量。

Jianb zhaob maib nangb reb guangd reb liangx.

埋列拢斗得寿告见，

Maib leib liongb dout deib shoux gaod jianb，

莎列拢弄告得送嘎。

Sax leib liongb nongt gaod deib songx gad.

斗抓埋你，

Doub zhuab maib nit，

斗尼埋炯。

Doub nit maib jiongx.

告见扛单，

Gaod jianb gangb dand，

送嘎扛送。

Songx gad gangb songx.

列休喂斗得寿，

Lieb xiut weib doub deit shet，

归先归得。

Giud xiand giud deit.

候然剖弄告得，

Houx rad boub nongd gaod deit，

归木归嘎。 （莲华诀）

Giud mub giud gad.

休照阿谷欧奶酷绒麻冬几图，

Xiud zhaob ad guob out leit kud rongb mab dongt jid tub，

然照阿谷欧奶酷便麻汝吉浪。 （藏身诀）

Rad zhaob ad guob out leit kud biat mab rux jid nangb.

主人有纸钱冥币，纸帛冥钱。

不烧是纸是帛，烧了是钱是财。

得财拿去共分，得钱拿去共用。

收在金仓银仓，入在金库银库。

你们要和弟子交钱，都要与吾师郎度纸。[①]

拥在左边，护在右旁。

交钱得到，度纸得达。

要收吾本弟子，正魂本命。

要收我这师郎，三魂七魄。

收在一十二个深洞之中，藏在一十二个好洞之内。

注：① 交钱、度纸——宗教术语，即主持祭祀仪式。下句的"交钱得到，度纸得达"即敬送祖神的这些供品要如数交到祖神的手中，意为要送主家达到敬神之目的。

向剖向乜斗你依流西向，

Xiangt pout xiangt nias doub nit yid liub xid xiangt，

向内向骂斗炯意苟格补。

Xiangt niex xiangt max doub jiongx yid goub gied bub.

依流西向洽腊几没到纵，

Yid liub xid xiangt qiax lab jid meib daox zongt,

意苟格补洽腊儿没到在。

Yib goud gied bub qiax lab jid meib daox zaix.

洽没况公况洞，

Qiax meib kuangx gongb kuongx dongb,

洽召况豆况斗。

Qiax zhaob kuangx dout kuangx doub.

冬豆达起久到埋拢齐夫，

Dongt dout dab kid jut daox maib liongb jit fut,

冬腊达起久到埋拢吉卡。

Dongt lab dab kid jut daox maib liongb jib kax.

冬豆达起嘎秀然得，

Dongt dout dab kid gad xiut rab deib,

冬腊达起嘎先然木。

Dongt lab dab kid gad xiand ranx mub.

祖公祖婆住在先祖大堂，先母先父坐在先亡大殿。
先祖大堂恐也没有清吉，先亡大殿怕也没得平安。
颈项恐有套锁，脚手怕遭套索。
主家这才失去你们保护，主人这才没有你们保佑。
主家这才染疾在体，主人这才患病在身。

他数列他格留浪苏，

Tad sud lieb tad gid liub nangb sud,

将那列将意苟浪那。

Jiangx liax lieb jiangx yib goud nangb liax.

内浪向剖向娘，

Neib nangb xiangt pout xiangt niangb,

内浪向内向玛。

Neib nangd xiangt neid xiangt max.

阿留浪向，

Ad liub nangd xiangt,

阿苟浪补。

Ad goud nangb bub.

阿容向那向苟，

Ad rongb xiangt liax xiangt goud,

阿苟向玛向得。

Ad goud xiangt max xiangt deit.

向拔向浓，

Xiangt bax xiangt niongx,

向让向共。

Xiangt rangb xiangt gongx.

窝老没秋，

Aot liaob meib qiux,

几最将秋。

Jid zuib jiangx qiux.

窝公没那，

Aot gongx meit liax,

几最将那。

Jid zuib jiangx liax.

窝老列将秋绒，

Aot liaot lieb jiangx qiux rongb,

窝公列将那棍。

Aot giuongb lieb jiangx liax ghunt.

列修秋瓦秋奶，

Lieb xiut qiux wab qiux leib,

秋朋秋皂。

Qiux bengb quix zaob.

猛苏产刚，

Mengb sut chant gangt,

猛那吧虫。

Mengb liax bax chongx.

猛苏周偶，

Mengb sut zhoud oub,

猛那况公。

Mengb liax kuangt gongt.

苏洞苏恩，

Sud dongb sud ghongb，

苏首苏闹。

Sud shout sud liaox.

窝金嘎忙图虐，

Aob giuongd gad mangb tux niub，

嘎首图闹。

Gad shout tux liaox.

没苏修苏长猛竹豆儿扛窝鸟，

Meib sud xiut sud changb mengb zhub dout jid gangb aot niaob，

没那将那长嘎康内儿扛窝从。

Meib liax jiangx liax changb gab kangd neib jid gangb aob congd.

修苏长林比涌，

Xiut sud changb liuongb bid yongd，

将长那照比格。

Jiangx changb liax zhaob bid gieb.

学——

Xuob—

埋你埋浪格留西向莎虫，

Maib nit maib nangd gied liub xid xiangt sax chongx，

埋炯埋浪意苟格补莎拿。

Maib jiongx maib nangd yid goud gieb bub sax nab.

阿——酒——阿——酒——　　　　　　　　（摇铃放筶）

Ab—jiux—ab—jiux—

解锁先解家祖的锁，脱索先脱家先的索。

信士的祖公祖婆，户主的祖母祖父。

　堂先祖，　殿先亡。

一堂亡兄亡弟，一殿亡父亡子。

祖男祖女，祖老祖幼。

脚下有链，要来解链。

颈项有索，要来解索。

脚下要解鬼链，颈项要脱鬼索。

要收鬼枷鬼链，鬼夹鬼套。

大锁千斤，大索百重。

大锁锁颈，大索套喉。

铜锁银锁，铁锁金锁。

大套木枷木扛，板子夹棍。

有锁解锁收去他方不许再锁，

有索脱索脱去他处不送再缠。

收锁转来清吉，脱索转来康健。

神韵——

你们坐在先祖大堂得安，你们坐在先宗大殿得乐。

神韵——

西向将得他苏，

Xid xiangt jiangx deit tad sud,

意苟将度他那。

Yib goud jiangx dux tad liax.

列他冬豆浪苏，

Lieb tad dongt dout nangb sud,

列将冬腊浪那。

Lieb jiangx dongt lab nangb liax.

列他度标剖乔浪苏，

Lieb tad dux bioud pout qiaob nangb sud,

列将度内乜共浪那。

Lieb jiangx dux neid nias gongx nangb liax.

剖乔ㄥㄥㄥ，

Pout qiaob jit leit,

乜共ㄥㄥㄥ。

Nias gongx jit leit.

否浪窝老没秋，

Woub nangb aot liaox meib qiux,

几最江秋。

Jid zuib jiangx qiux.

否浪窝公没那，

Woub nangb aot gongb meib nab,

几最将那。

Jid zuib jiangx liax.

窝老列修秋绒，

Aot liaox lieb xiut qiux rongb,

窝公列将那棍。

Aot giuongb lieb jiangx liax ghunt.

列修秋瓦秋奶，

Lieb xiut qiux wab qiux leit,

秋朋秋皂。

Qiux bengb quix zaob.

猛苏产刚，

Mengb sut chant gangt,

猛那吧虫。

Mengb liax bax chongx.

猛苏周偶，

Mengb sut zhoud oub,

猛那况公。

Mengb liax kuangt gongt.

苏洞苏恩，

Sud dongb sud ghongb,

苏首苏闹。

Sud shout sud liaox.

窝金嘎忙图虐，

Aob giuongd gad mangb tux niub,

嘎首图闹。

Gad shout tux liaox.

没苏修苏长猛竹豆儿扛窝鸟，

Meib sud xiut sud changb mengb zhub dout jid gangb aot niaob,

没那将那长嘎康内儿扛窝从。

Meib liax jiangx liax changb gad kangd neib jid gangb aob congd.

修苏长林比涌，

Xiut sud changb liuongb bid yongd,

将长那照比格。

Jiangx changb liax zhaob bid gieb.

他约苟篓出话，

Tad yod geud neb chub fat,

将约苟追出求。

Jiangx yod goud zhuix chub qiux.

他约苟篓出见，

Tad yod geud neb chub jianb,

将约苟追出到。

Jiangx yod goud zhuix chub daox.

他约列扛你茶，

Tad yod lieb gangb nit cat,

将约列扛炯汝。

Jiangx yod lieb gangb jiongx rux.

他数剖乔腊到先头，

Tad sud pout qiaob lab daox xiand toub,

将那乜共莎到木汝。

Jiangx liax nias gongx sax daox mub rux.

你娘产谷产豆，

Nit niangb chant guob cant dout,

炯挂阿吧欧谷养就。

Jiongx guax ab bax out guob yangb jux.

阿酒——   （摇铃放筶）

Ab jiux—

先祖放口解锁，先宗放话脱索。
要解凡间信士的锁，要脱凡尘户主的索。
要解信士家中老翁的锁，
要脱主人家内老妇的索。
老公公某某某，老婆婆某某某。
他的脚下有链，要来解链。
她的颈项有索，要来解索。
脚下要解鬼链，颈项要脱鬼索。

要收鬼枷鬼链，鬼夹鬼套。

大锁千斤，大索百重。

大锁锁颈，大索套喉。

铜锁银锁，铁锁金锁。

大套木枷木扛，板子夹棍。

有锁解锁收去他方不许再锁，

有索脱索脱去他处不送再缠。

收锁转来清吉，脱索转来康健。

解了前头大发，脱了后头大旺。

解了前头大通，脱了后头大利。

解锁阿公也得延年，脱索阿婆也得延寿。

活过千年百年，坐过一百二十多岁。

神韵——

西向将得他苏，

Xid xiangt jiangx deit tad sud,

意苟将度他那。

Yib goud jiangx dux tad liax.

列他冬豆浪苏，

Lieb tad dongt dout nangb sud,

列将冬腊浪那。

Lieb jiangx dongt lab nangb liax.

列他度标内章窝浓浪苏，

Lieb tad dud bioud neib zhuangb aob niongx nangb sud,

列将度内内章窝拔浪那。

Lieb jiangx dux niex niex zhuangb aot biax nangb liax.

苟内某某某，

Goud neib jit leit,

苟骂某某某。

Goud max jit leit.

否浪窝老没秋，

Woub nangb aot liaox meib qiux,

几最江秋。

Jid zuib jiangx qiux.

否浪窝公没那，

Woub nangb aot gongb meib nab,

几最将那。

Jid zuib jiangx liax.

窝老列修秋绒，

Aot liaox lieb xiut qiux rongb,

窝公列将那棍。

Aot giuongb lieb jiangx liax ghunt.

列修秋瓦秋奶，

Lieb xiut qiux wab qiux leit,

秋朋秋皂。

Qiux bengb quix zaob.

猛苏产刚，

Mengb sut chant gangt,

猛那吧虫。

Mengb liax bax chongx.

猛苏周偶，

Mengb sut zhoud oub,

猛那况公。

Mengb liax kuangt gongt.

苏洞苏恩，

Sud dongb sud ghongb,

苏首苏闹。

Sud shout sud liaox.

窝金嘎忙图虐，

Aob giuongd giad mangb tux niub,

嘎首图闹。

Gad shout tux liaox.

没苏修苏长猛竹豆几扛窝鸟，

Meib sud xiut sud changb mengb zhub dout jid gangb aot niaob,

没那将那长嘎康内几扛窝从。

Meib liax jiangx liax changb giab kangd neib jid gangb aob congd.

修苏长林比涌，

Xiut sud changb liuongb bid yongd,

将长那照比格。

Jiangx changb liax zhaob bid gieb.

他约苟篓出话，

Tad yod geud neb chub fat,

将约苟追出求。

Jiangx yod geud zhuix chub qiux.

他约苟篓出见，

Tad yod geud neb chub jianb,

将约苟追出到。

Jiangx yod goud zhuix chub daox.

他约列扛你茶，

Tad yod lieb gangb nit cat,

将约列扛炯汝。

Jiangx yod lieb gangb jiongx rux.

他数剖乔腊到先头，

Tad sud pout qiaob lab daox xiand toub,

将那乜共莎到木汝。

Jiangx liax nias gongx sax daox mub rux.

你娘产谷产豆，

Nit niangb chant guob cant dout,

炯挂阿吧欧谷养就。

Jiongx guax ab bax out guob yangb jux.

内章窝浓腊到汝见，

Neib zhuangb aob niongx lab daox rux jianb,

内章窝拔腊到汝嘎。

Neib zhuangb aob biab lab daox rux giax.

大席莎腊汝家汝业，

Dat xut sax lab rux jiad rux yueb,

崩殴出乖出岭。

Bengd oud chud gweit chud liongx.

阿酒——

（摇铃放答）

Ab jiux—

先祖放口解锁，先宗放话脱索。
要解凡间信士的锁，要脱凡尘户主的索。
要解信士家中老父的锁，
要脱主人家内老母的索。
老父某某某，老母某某某。
他的脚下有链、要来解链，
她的颈项有索、要来解索。
脚下要解鬼链，颈项要脱鬼索。
要收鬼枷鬼链，鬼夹鬼套。
大锁千斤，大索百重。
大锁锁颈，大索套喉。
铜锁银锁，铁锁金锁。
大套木枷木扛，板子夹棍。
有锁解锁收去他方不许再锁，
有索脱索脱去他处不送再缠。
收锁转来清吉，脱索转来康健。
解了前头大发，脱了后头大旺。
解了前头大通，脱了后头大利。
掌家男人也得大钱，户主女人也得大财。
创家立业也得大福，夫妻发达富裕。
神韵——

西向将得他苏，
Xid xiangt jiangx deit tad sud,
意苟将度他那。
Yib goud jiangx dux tad liax.
列他冬豆浪苏，
Lieb tad dongt dout nangb sud,
列将冬腊浪那。
Lieb jiangx dongt lab nangb liax.
列他度标比那浪苏，

Lieb tad dud bioud bid nat nangb sud,

列将度内比苟浪那。

Lieb jiangx dud neib bid goub nangb liax.

比那某某某,

Bid nat jit leit,

比苟某某某。

Bid goud jit leit.

否浪窝老没秋,

Woub nangb aot liaox meib qiux,

几最江秋。

Jid zuib jiangx qiux.

否浪窝公没那,

Woub nangb aot gongb meib nab,

几最将那。

Jid zuib jiangx liax.

窝老列修秋绒,

Aot liaox lieb xiut qiux rongb,

窝公列将那棍。

Aot giuongb lieb jiangx liax ghunt.

列修秋瓦秋奶,

Lieb xiut qiux wab qiux leit,

秋朋秋皂。

Qiux bengb quix zaob.

猛苏产刚,

Mengb sut chant gangt,

猛那吧虫。

Mengb liax bax chongx.

猛苏周偶,

Mengb sut zhoud oub,

猛那况公。

Mengb liax kuangt gongt.

苏洞苏恩,

Sud dongb sud ghongb,

苏首苏闹。

Sud shout sud liaox.

窝金嘎忙图虐,

Aob giuongd gad mangb tux niub,

嘎首图闹。

Gad shout tux liaox.

没苏修苏长猛竹豆几扛窝鸟,

Meib sud xiut sud changb mengb zhub dout jid gangb aot niaob,

没那将那长嘎康内几扛窝从。

Meib liax jiangx liax changb gad kangd neib jid gangb aob congd.

修苏长林比涌,

Xiut sud changb liuongb bid yongd,

将长那照比格。

Jiangx changb liax zhaob bid gieb.

他约苟篓出话,

Tad yod geud neb chub fat,

将约苟追出求。

Jiangx yod goud zhuix chub qiux.

他约苟篓出见,

Tad yod geud neb chub jianb,

将约苟追出到。

Jiangx yod goud zhuix chub daox.

他约列扛你茶,

Tad yod lieb gangb nit cat,

将约列扛炯汝。

Jiangx yod lieb gangb jiongx rux.

他数剖乔腊到先头,

Tad sud pout qiaob lab daox xiand toub,

将那乜共莎到木汝。

Jiangx liax nias gongx sax daox mub rux.

你娘产谷产豆,

Nit niangb chant guob chant dout,

炯挂阿吧欧谷养就。

Jiongx guax ab bax out guob yangb jux.

阿酒——　　　　　　　　　　　　　　　　（摇铃放筶）

Ab jiux—

阿那到汝标内，

Ad nat daox rux bioud neib,

得苟到汝标嘎。

Deib goud daox rux bioud gad.

吾见腊拢腊到，

Wut jianb lab liongb lab daox,

吾嘎腊章腊林。

Wut giad lab zhuangb lab liuongb.

阿酒——　　　　　　　　　　　　　　　　（摇铃放筶）

Ab jiux—

先祖放口解锁，先宗放话脱索。

要解凡间信士的锁，要脱凡尘户主的索。

要解信士家中长男的锁，

要脱主人家内次男的索。

长男某某某，次男某某某。

他的脚下有链，要来解链。

他的颈项有索，要来解索。

脚下要解鬼链，颈项要脱鬼索。

要收鬼枷鬼链，鬼夹鬼套。

大锁千斤，大索百重。

大锁锁颈，大索套喉。

铜锁银锁，铁锁金锁。

大套木枷木扛，板子夹棍。

有锁解锁收去他方不许再锁，

有索脱索脱去他处不送再缠。

收锁转来清吉，脱索转来康健。

解了前头大发，脱了后头大旺。

解了前头大通，脱了后头大利。

长男得好妻妾，次男得好妻室。

财源滚滚流进，财喜八方涌来。

神韵——

西向将得他苏，

Xid xiangt jiangx deit tad sud,

意苟将度他那。

Yib goud jiangx dux tad liax.

列他冬豆浪苏，

Lieb tad dongt dout nangb sud,

列将冬腊浪那。

Lieb jiangx dongt lab nangb liax.

列他度标得拔浪苏，

Lieb tad dud bioud deit piad nangb sud,

列将度内得牙浪那。

Lieb jiangx dud neib deit yab nangb liax.

窝比得拔ㄙㄙㄙ，

Aot bid deib piad jit leit,

窝便得牙ㄙㄙㄙ。

Aot biat deit yab jit leit.

否浪窝老没秋，

Woub nangb aot liaox meib qiux,

几最江秋。

Jid zuib jiangx qiux.

否浪窝公没那，

Woub nangb aot gongb meib nab,

几最将那。

Jid zuib jiangx liax.

窝老列修秋绒，

Aot liaox lieb xiut qiux rongb,

窝公列将那棍。

Aot giuongb lieb jiangx liax ghunt.

列修秋瓦秋奶，

Lieb xiut qiux wab qiux leit,

秋朋秋皂。

Qiux bengb quix zaob.

猛苏产刚，

Mengb sut chant gangt,

猛那吧虫。

Mengb liax bax chongx.

猛苏周偶，

Mengb sut zhoud oub,

猛那况公。

Mengb liax kuangt gongt.

苏洞苏恩，

Sud dongb sud ghongb,

苏首苏闹。

Sud shout sud liaox.

窝金嘎忙图虐，

Aob giuongd gad mangb tux niub,

嘎首图闹。

Gad shout tux liaox.

没苏修苏长猛竹豆儿扛窝鸟，

Meib sud xiut sud changb mengb zhub dout jid gangb aot niaob,

没那将那长嘎康内儿扛窝从。

Meib liax jiangx liax changb gab kangd neib jid gangb aob congd.

修苏长林比涌，

Xiut sud changb liuongb bid yongd,

将长那照比格。

Jiangx changb liax zhaob bid gieb.

他约苟篓出话，

Tad yod geud neb chub fat,

将约苟追出求。

Jiangx yod geud zhuix chub qiux.

他约苟篓出见，

Tad yod goud loub chub jianb,

将约苟追出到。

Jiangx yod goud zhuix chub daox.

他约列扛你茶，

Tad yod lieb gangb nit cat,

将约列扛炯汝。

Jiangx yod lieb gangb jiongx rux.

他数剖乔腊到先头，

Tad sud pout qiaob lab daox xiand toub,

将那乜共莎到木汝。

Jiangx liax nias gongx sax daox mub rux.

你娘产谷产豆，

Nit niangb chant guob chant dout,

炯挂阿吧欧谷养就。

Jiongx guax ab bax out guob yangb jux.

阿酒——   （摇铃放答）

Ab jiux—

得拔到汝秋先，

Deit piad daox rux qiux xiand,

得牙到汝兰西。

Deit yab daox rux lanb xid.

出家出业腊冬，

Chud jiad chud yueb lab dongt,

出话出求腊汝。

Chud fat chud qiux lab rux.

阿酒——   （摇铃放答）

Ab jiux—

先祖放口解锁，先宗放话脱索。
要解凡间信士的锁，要脱凡尘户主的索。
要解信士家中长女的锁，
要脱主人家内次女的索。
家中长女某某某，家内次女某某某。
她的脚下有链，要来解链。
她的颈项有索，要来解索。

脚下要解鬼链，颈项要脱鬼索。

要收鬼枷鬼链，鬼夹鬼套。

大锁千斤，大索百重。

大锁锁颈，大索套喉。

铜锁银锁，铁锁金锁。

大套木枷木扛，板子夹棍。

有锁解锁收去他方不许再锁，

有索脱索脱去他处不送再缠。

收锁转来清吉，脱索转来康健。

解了前头大发，脱了后头大旺。

解了前头大通，脱了后头大利。

长女得好丈夫，次女得好郎君。

创家立业也登，繁荣兴旺也达。

神韵——

西向将得他苏，

Xid xiangt jiangx deit tad sud,

意苟将度他那。

Yib goud jiangx dux tad liax.

列他冬豆浪苏，

Lieb tad dongt dout nangb sud,

列将冬腊浪那。

Lieb jiangx dongt lab nangb liax.

列他度标得得浪苏，

Lieb tad dud bioud deit deit nangb sud,

列将度内达嘎浪那。

Lieb jiangx dud neib dab gad nangb liax.

窝比得嘎某某某，

Aot bid deit gad jit leit,

窝便得嘎某某某。

Aot biat deit gad jit leit.

否浪窝老没秋，

Woub nangb aot liaox meib qiux,

几最江秋。

Jid zuib jiangx qiux.

否浪窝公没那，

Woub nangb aot gongb meit nax,

几最将那。

Jid zuib jiangx liax.

窝老列修秋绒，

Aot liaox lieb xiut qiux rongb,

窝公列将那棍。

Aot giuongb lieb jiangx liax ghunt.

列修秋瓦秋奶，

Lieb xiut qiux wab qiux leit,

秋朋秋皂。

Qiux bengb quix zaob.

猛苏产刚，

Mengb sut chant gangt,

猛那吧虫。

Mengb liax bax chongx.

猛苏周偶，

Mengb sut zhoud oub,

猛那况公。

Mengb liax kuangt gongt.

苏洞苏恩，

Sud dongb sud ghongb,

苏首苏闹。

Sud shout sud liaox.

窝金嘎忙图虐，

Aob giuongd gad mangb tux niub,

嘎首图闹。

Gad shout tux liaox.

没苏修苏长猛竹豆几扛窝鸟，

Meib sud xiut sud changb mengb zhub dout jid gangb aot niaob,

没那将那长嘎康内几扛窝从。

Meib liax jiangx liax changb gad kangd neib jid gangb aob congd.

修苏长林比涌，

Xiut sud changb liuongb bid yongd，

将长那照比格。

Jiangx changb nax zhaob bid gieb.

他约苟篓出话，

Tad yod geud neb chub fat，

将约苟追出求。

Jiangx yod goud zhuix chub qiux.

他约苟篓出见，

Tad yod geud neb chub jianb，

将约苟追出到。

Jiangx yod goud zhuix chub daox.

他约列扛你茶，

Tad yod lieb gangb nit cat，

将约列扛炯汝。

Jiangx yod lieb gangb jiongx rux.

他数剖乔腊到先头，

Tad sud pout qiaob lab daox xiand toub，

将那乜共莎到木汝。

Jiangx liax nias gongx sax daox mub rux.

你娘产谷产豆，

Nit niangb chant guob chant dout，

炯挂阿吧欧谷养就。

Jiongx guax ab bax out guob yangb jux.

得得汝久汝得，

Deit deit rux jux rux deit，

大嘎汝章汝追。

Dat gad rux zhuangb rux zhuib.

能锐首久腊林腊章，

Nongb ruit soud jub lab liuongb lab zhuangb，

能列首得腊周腊状。

Nongb liex soud deib lab zhoud lab zhuangs.

阿酒——　　　　　　　　　　　　　　　　　　　　（摇铃放筶）

Ab jiux—

先祖放口解锁，先宗放话脱索。
要解凡间信士的锁，要脱凡尘户主的索。
要解信士家中长孙的锁，
要脱主人家内幼孙的索。
家中长孙某某某，家内次孙某某某。
他的脚下有链，要来解链。
颈项有索，要来解索。
脚下要解鬼链，颈项要脱鬼索。
要收鬼枷鬼链，鬼夹鬼套。
大锁千斤，大索百重。
大锁锁颈，大索套喉。
铜锁银锁，铁锁金锁。
大套木枷木扛，板子夹棍。
有锁解锁收去他方不许再锁，
有索脱索脱去他处不送再缠。
收锁转来清吉，脱索转来康健。
解了前头大发，脱了后头大旺。
解了前头大通，脱了后头大利。
长孙身体健壮，幼孙身体结实。
吃菜育身长好，吃饭养身长肥。
神韵——

列他内浪阿产欧谷标，
Lieb tad neib nangb ad chant out guob bioud,
阿吧欧谷竹。
Ab bax out guob zhub.
虐西阿纵刚棍，
Niub xit ad zongb gangt gunt,
虐夏阿秋笑猛。
Niub xiax ad qiux xiaox mengb.

虐西阿奶内库，

Niub xid ad leit neib kut,

虐夏阿图玛首。

Niub xiax ad tub max soud.

否浪窝老没秋，

Woub nangb aot liaox meib qiux,

几最江秋。

Jid zuib jiangx qiux.

否浪窝公没那，

Woub nangb aot gongb meib nab,

几最将那。

Jid zuib jiangx liax.

窝老列修秋绒，

Aot liaox lieb xiut qiux rongb,

窝公列将那棍。

Aot giuongb lieb jiangx liax ghunt.

列修秋瓦秋奶，

Lieb xiut qiux wab qiux leit,

秋朋秋皂。

Qiux bengb quix zaob.

猛苏产刚，

Mengb sut chant gangt,

猛那吧虫。

Mengb liax bax chongx.

猛苏周偶，

Mengb sut zhoud oub,

猛那况公。

Mengb liax kuangt gongt.

苏洞苏恩，

Sud dongb sud ghongb,

苏首苏闹。

Sud shout sud liaox.

窝金嘎忙图虐，

Aob giuongd gad mangb tux niub,

嘎首图闹。

Gad shout tux liaox.

没苏修苏长猛竹豆几扛窝鸟，

Meib sud xiut sud changb mengb zhub dout jid gangb aot niaob,

没那将那长嘎康内几扛窝从。

Meib liax jiangx liax changb gad kangd neib jid gangb aob congd.

修苏长林比涌，

Xiut sud changb liuongb bid yongd,

将长那照比格。

Jiangx changb liax zhaob bid gieb.

他约苟篓出话，

Tad yod geud neb chub fat,

将约苟追出求。

Jiangx yod goud zhuix chub qiux.

他约苟篓出见，

Tad yod goud neb chub jianb,

将约苟追出到。

Jiangx yod goud zhuix chub daox.

他约列扛你茶，

Tad yod lieb gangb nit cat,

将约列扛炯汝。

Jiangx yod lieb gangb jiongx rux.

他数剖乔腊到先头，

Tad sud pout qiaob lab daox xiand toub,

将那乜共莎到木汝。

Jiangx liax nias gongx sax daox mub rux.

你娘产谷产豆，

Nit niangb chant guob chant dout,

炯挂阿吧欧谷养就。

Jiongx guax ab bax out guob yangb jux.

他约苟篓出见，

Tad yod goud neb chud jianb,

将约苟追出到。

Jiangx yod goud zhuix chud daox.

他约列扛你茶，

Tad yod lieb gangb nit cat,

将约列扛炯汝。

Jiangx yod lieb gangb jiongx rux.

要解户主的一千二百家，一百二十户。
古时一堂祭祖，古代一处敬神。
古时一个娘养，古代一个爷生。
他的脚下有链，要来解链。
他的颈项有索，要来解索。
脚下要解鬼链，颈项要脱鬼索。
要收鬼枷鬼链，鬼夹鬼套。
大锁千斤，大索百重。
大锁锁颈，大索套喉。
铜锁银锁，铁锁金锁。
大套木枷木扛，板子夹棍。
有锁解锁收去他方不许再锁，
有索脱索脱去他处不送再缠。
收锁转来清吉，脱索转来康健。
解了前头大发，脱了后头大旺。
解了前头大通，脱了后头大利。
神韵——

度标阿标麻林麻休，

Dud bioud ad bioud mab liongb mab xut,

度内阿竹麻共麻让。

Dud neib ad zhub mab gongx mab rangx.

再斗阿产欧谷标，

Zaix doub ad chant out guob bioud,

吉高阿吧欧谷竹。

Jib gaod ad bax out guob zhub.

他数莎腊抓数，

Tad sud sax lab zhuab sud,

将那莎腊抓那。

Jiangx liax sax lab zhuab liax.

产豆久斗数洞数恩，

Chant dout jud doub sud dongb sud ghongb,

吧就久斗数首数闹。

Bax jux jud doub sud sout sud liaox.

抓数内到汝先，

Zhuab sud neib daox rux xiand,

抓那内到汝木。

Zhuab liax neib daox rux mub.

娘萨娘猛产豆，

Niangb sax niangb mengb chant dout,

娘状娘猛吧就。

Niangb zhuangb niangb mengb bax jux.

冬豆久萨，

Dongt dout jub sad,

冬腊久状。

Dongt lab jux zhuangb.

茶他猛久，

Cat tad mengb jux,

弟然猛板。

Dix rab mengb banb.

主家一家大大小小，主人一屋老老少少。
还有一千二百家，与其一百二十户。
解锁也都脱锁，解索也都脱索。
千年没有铜锁铁锁，百载没有手锁脚链。
脱锁人们坐得长寿，脱索人们坐得长命。
千年没有灾星，百载没有灾祸。
信士清吉，户主平安。
清吉平安，大吉大利。

去远方不许再锁，脱索解枷收去远处不准。

（四）周先周木·Zhoub xiand zhoub mub·保佑福寿

他拢打绒汝格，

Tax niongd dat rongb rux giet，

他拢打便汝那。

Tax niongd dat biat rux liax.

冬豆汝内，

Dongt dout rux neit，

冬腊汝虐。

Dongt liab rux niub.

剖娘吉标莎腊单途，

Bout niangb jid bioub sab liab dand tub，

内玛记竹莎腊单洋。

Neid max jid zhub sax liab dand yangb.

汝格汝那，

Rux gied rux liax，

汝内汝虐。

Rux neit rux niub.

汝剖汝娘，

Rux bout rux niangb，

汝内汝玛。

Rux neit rux max.

再斗剖娘浪绒，

Zaix doub bout niangb liangb rongb，

吉高内玛浪潮。

Jid gaol neib max liangb zaox.

便告斗补便偶绒，

Biat gaod dout bub biat out rongb，

照告然冬照偶潮。

Zhaob gaox rad dongt zhaox out zaox.

绒你比告得标麻你,

Rongb nit bid gaox deib boud mab nit,

潮炯便告柔纵麻炯。

Zaox jiongx biat gaox roub zongb mab jiongx.

列拢齐夫阿标林休,

Lieb liongb qid fut ab bioud liuongb xut,

列拢吉卡阿竹共让。

Lieb liongb jib kax ad zhub gongx rangx.

就达久扛白见,

Jux dab jut gangb beid jianb,

就挂久扛袍嘎。

Jux guax jut gangb paox gad.

就达就挂,

Jux dab jux guax,

那拢那单。

Nab liongb nab dand.

就达久没吾兄嘎休,

Jux dab jut meib wut xiongt gad xuit,

那挂几没格弄然得。

Nab guax jid meib gied nongd rab deib.

苟达久白产鸟苟萨,

Goud dab jut beid chant niaob goud sad,

苟炯久泡吧弄苟章。

Goud jiongx jut paox bax nongx goud zhuangb.

斗标几没兵格,

Doub bioud jid meib bid gied,

柔纵几没出怪。

Roub zongb jid meib chub guaib.

穷斗几没见风,

Qiongx dout jid meib jianb fengt,

穷标几没见度。

Qiongx bioud jid meib jianb dux.

你茶你猛产豆,

Nib cab nib mengb chant dout,

炯汝炯猛吧就。

Jiongx rux jiongx mengb bax jux.

今天上苍好这吉星, 今日上天好这吉宿。

凡间日吉, 凡尘时良。

家中先祖也都拢边, 家内先人也都到位。

吉星吉宿, 吉日吉期。

好宗好祖, 好母好父。

还有祖宗的龙神, 和那父母的福气。

五方五位五龙神, 六方六面六洪福。

龙神保此四方屋场, 福神护这五面宅基。

要来保佑一家大小, 要来庇荫一屋老幼。

年来不准破财, 岁过不许失耗。

年来年过, 月到月至。

年来没有时气瘟疫, 月过没有灾难疾病。

左边不起是非口嘴, 右边不出官非口舌。

家中不出怪异, 家内不有凶兆。

烟火不起成朵, 火焰不起成团。

清吉去得千年, 平安延过百岁。

冬豆列埋齐夫,

Dongt dout lieb maib qid fut,

冬腊将埋吉卡。

Dongt lab jiangb maib jib kax.

齐夫阿标林休,

Qid fut ab bioud liuongb xut,

吉卡阿竹共让。

Jib kax ad zhub gongx rangx.

向剖向娘你拢几共几得久格,

Xiangt bout xiangt niangb nit liongb jid gongb jid deib jux gied,

向内向玛炯拢吉留吉秋出列。

Xiangt neid xiangt max jiongx liongb jid liub jid qiud chub liex.

你拢交夫阿标林休，

Nit liongb jiaot fut ad bioub liuongb xut，

炯拢吉卡阿竹共让。

Jiongx liongb jib kax ad zhub gongx rangx.

你拢埋列留标留斗，

Nit liongb maib lieb liub bioud liub deb，

炯拢埋列留纵留秋。

Jiongx liongb maib lieb liub zongx liub qiud.

加绒嘎扛报标，

Jiad rongb gad gangb baob bioud，

加棍嘎扛报竹。

Jiad gunt gad gangb baob zhub.

加绒报标埋列读同告大，

Jiad rongb baob bioud maib lieb dub tongb gaod dax，

加棍报竹埋列读色告偶。

Jiad ghunt baob zhub maib lieb dux seid gaod oud.

齐夫阿标林休，

Qid fut ad bioud liuongb xut，

吉卡阿竹共让。

Jib kax ad zhub gongx rangx.

蒙从嘎扛走巧，

Mengb congb gad gangb zoub qiaot，

长忙嘎扛走加。

Changb mangx gad gangb zoub jiad.

蒙从走巧埋列出绒几岁，

Mengb congb zoub qiaot maib lieb chud rongb jid suit，

长忙走加埋列出便吉洽。

Changb mangx zoub jiad maib lieb chub biax jid qiad.

岁召比排，

Suit zhaob bit paib，

瓦蒙照告。

Wax mengb zhaob gaox.

窝内没松埋列几茶打起，

Aot neit meib songt maib lieb jid cat dat qit，

窝虐没萨埋列几然达写。

Aob niub meib sad maib lieb jid rab dab xied.

达没吾兄嘎休埋列吉洽，

Dab meib wut xiongd gad xuit maib lieb jib qiad，

达没格弄然得埋列吉热。

Dab meib gied nongd rab dib maib lieb jib reib.

加内嘎扛几嘎，

Jia neit giad gangb jib gad，

加纵嘎扛吉柔。

Jiad zongb gad gangb jid roub.

加萨嘎扛拢够，

Jiad sad gad gangb liongb gout，

加度嘎扛拢扑。

Jiad dux giad gangb liongb pud.

绒剖埋列几共得标得斗，

Rongb bout maib lieb jit gongb deib bioud deib deb，

绒娘埋列吉留得纵得秋。

Rongb niangb maib lieb jid liub deib zongx deib qiud.

吉拢向剖向娘，

Jid liongb xiangt bout xiangt niangb，

吉高向内向玛。

Jib gaob xiangt neid xiangt max.

产豆埋列齐夫，

Chant dout maib lieb qid fut，

吧就埋列吉卡。

Bax jux maib lieb jib kax.

齐夫阿标林休，

Qid fut ad bioud liuongb xut，

吉卡阿竹共让。

Jib kax ad zhub gongx rangx.

你拢兄标兄斗，

Nit liongb xiongd bioud xiongd deb，

炯拢兄纵兄秋。

Jiongx liongb xiongd zongb xiongd qiud.

兄标汝你产豆，

Xiongd bioud rux nit chant dout，

兄纵汝炯吧就。

Xiongd zongx rux jiongx bax jux.

兄标发内发纵，

Xiongd bioud fab neib fab zongb，

兄竹发家发尼。

Xiongd zhub fab jiad fab nib.

兄标出话出求，

Xiongd bioud chub huat chub qiux，

兄纵出乖出令。

Xiongd zongb chub gweit chub lib.

兄标出笔出包，

Xiongd bioud chub bib chub baob，

兄纵出楼出归。

Xiongd zongb chub loub chub guib.

凡间要你们保佑，凡尘要你们庇荫。

保佑一家大小，庇荫一屋老幼。

祖公祖婆你们要居火堂边，祖母祖父你们要坐地楼上。

居来招呼一家大小，坐来保护一屋老幼。

居来守家护宅，坐来保家护院。

凶煞不许进家，恶鬼不准进门。

凶煞进家你们要用刀斩，恶鬼进户你们要用枪杀。

保佑一家大小，庇荫一屋老幼。

早出不要逢凶，夜归不要遇恶。

早出逢凶你们要化山来挡，夜归遇恶你们要作岭来隔。

挡去四边，隔去六面。

若有是非你们要先提醒，若起争讼你们要先提防。

若有瘟灾你们要挡走，若有疾病你们要脱退。

恶人莫送拢边，恶棍不要拢近。

是非莫送来起，官讼莫让来兴。

龙公你们要保屋场，龙婆你们要护宅地。

和起祖公祖婆，和起祖母祖父。

千年你们要保佑，百载你们要庇荫。

保佑一家大小，庇荫一屋老幼。

居来兴家旺宅，坐来兴门旺户。

旺宅旺去千年，旺户旺去百载。

旺宅发人发丁，旺户发家发业。

旺宅发达发旺，旺户发富发贵。

旺宅发兴发旺，旺户发登发福。

一家大小，少气你要祝福生气来加，

一屋老幼，少福你要留下洪福来添。

周先阿标林休、

Zhoub xiand ad bioud liuongb xut、

比就奶奶你茶，

Bit jux leit leit nit cat，

良木阿竹共让、

Liangb mub ad zhub gongx rangx、

便就久久炯汝。

Biat jux jub jub jiongx rux.

昂内到纵，

Angb neit daox zongt，

昂弄到在。

Angb nongx daox zaib.

能锐阿晚莎到江嘎，

Nongb ruit ad wanb sax daox jiangb gad，

能列阿叫腊到江吉。

Nongb liex ad jiaob lab daox jiangb jit.

能锐到先到木，

Nongb ruit daox xiand daox mub，

能列到卡到绒。

Nongb liex daox kax daox rongb.

能锐首久腊到虫久，

Nongb ruit shoux jiud lab daox chongb jiud，

能列首得莎到虫得。

Nongb liex shoux deib sax daox chongb deib.

虫久抓卡，

Chongx jiud zhuab kax，

虫得汝绒。

Chongx deib rux rongb.

篓绒告绒，

Noud rongb gaob rongb，

篓炯告炯。

Noud jiongb gaob jiongb.

求绒腊单，

Qiux rongb lab dand，

闹夯莎送。

Laox hangb sax songx.

闹苟几图见内片风，

Laox goud jid tub jianb neib piant fengt，

会公吉用见内片记。

Huix gongb jid yongx jianb neib piant jid.

抄昂莎腊够苟，

Chaot angb sax lab goub goud，

将狗莎腊够绒。

Jiangx guoud sax lab goub rongb.

昂内几没嘎秀然得，

Angb neit jid meib gad xuit ranb deib，

昂弄几没嘎先然木。

Angb nongx jid meib gad xiand ranb mub.

猛从兵洽，

Mengb congb biongb qiax，

长忙兵求。

Changb mangx biongb quid.

窝拔汝久汝得、

Aob bab rux jux rux deib,

窝浓汝卡汝绒。

Aob niongb rux kax rux rongb.

拔你拔到先头、

Bab nit bab daox xiand toub,

浓你浓到木汝。

Niongx nit niongx daox mub rux.

祝福一家大小、年头人人清吉,

祈福一屋老幼、年尾个个平安。

热天健康,冷天强壮。

吃菜一锅也得甜汁,吃饭一鼎也得香味。

吃菜得气强体,吃饭得力旺盛。

吃菜养身也得强身,吃饭养体也得强壮。

强身好气,壮体好力。

捉龙降龙,捉虎伏虎,

上去得登,下来得达。

走路飘摇似阵风吹,行道飘飞如阵风过。

撑肉也得遍山,打猎也得登岭。

热天不遭瘟疫时气,冷天不有灾难祸害。

早出精力充沛,晚归强壮旺盛。

女人健康美丽,男人好气大力。

女人得好长寿,男人得好长命。

周先阿标林休、

Zhoub xiand ab bioud liuongb xut,

得标你娘广豆、

Deib bioud nit niangb chant dout,

良木阿竹共让、

Lial mub ad zhub giongx rangx、

记竹炯到吧就。

Jid zhub jiongx daox bax jux.

抓葡到斗，

Zhuab pux daox doub,

奈葡到最。

Naib pux daox zuib.

流吾到服，

Liub wut daox fux,

流斗到共。

Liub dout daox gongt.

剖娘内玛你出阿标，

Bout niangb neid max nit chub ad bioud,

高得高嘎炯出阿纵。

Gaob deib gaob gad jiongx chub ad zongb.

你出阿标几叟吉研，

Nit chub ad bioud jid sout jib nuanb,

炯出阿纵周朋周热。

Jiongx chub ad zongb zhoud bengt zhoud reib.

你出阿标几沙吉包，

Nit chub ad bioud jid shat jid baod,

炯出阿纵几酷吉汝。

Jiongx chub ad zongb jid kut jid rux.

你到果比，

Nit daox guet bit,

炯到穷先。

Jiongx daox qiongb xiand.

你娘阿产欧谷浪豆，

Nit niangb ad chant out guob liang dout,

炯挂阿吧欧谷养就。

Jiongx guax ad bax out guob yangb jux.

你拿背苟麻楼，

Nit nab beid goud mab loub,

炯拿绒善麻头。

Jiongx nab rongb shait mab toub.

你拿图内麻善，

Nit nab tux neit mab shait,

炯拿图那麻他。

Jiongx nab tux nat mab tax.

> 祝福一家大小、屋场坐得千年,
> 祈福一屋老幼、家宅坐过百载。
> 查名得应,点字得齐。
> 水井得喝,泉水得担。
> 祖太父母同居一屋,子孙五代同坐一堂。
> 居做一家欢欢喜喜,坐做一屋眉开眼笑。
> 居做一家有商有量,坐做一屋相敬相爱。
> 居得发白,坐得齿红。
> 活得一千二十多岁,坐过一百二十余年。
> 活如高山之久,坐似大岭之长。
> 活如日柱之高,坐似月柱之大。

周先话内话纵,

Zhoub xiand huat neib huat zongb,

良木话得话嘎。

Lial mub huat deib huat gad.

打便酷肥扛汝得乖,

Dat biat kut feib gangb rux deib gweit,

打绒酷肥扛汝嘎岭。

Dat rongb kut feib gangb rux gad liuongb.

扛得炯力炯梅,

Gangb deit jiongx lib jiongx meib,

扛嘎炯轿炯格。

Gangb gad jiongx qiaot jiongx gieb.

扛得列扛得茶,

Gangb deit lieb gangb deit cat,

扛嘎列扛嘎然。

Gangb giad lieb gangb gad rab.

打绒包标,

Dat rongb baob bioud,

达潮包竹。

Dab zaox baob zhub.

得恩陇笔陇包,

Deit ghongb liongs bib liongs baob,

嘎格陇楼陇归。

Giad gieb liongs loub liongs guib.

笔拿打声,

Bib nab dat shongt,

包拿打缪。

Baot nab dab mioub.

同拢话陇白走白绒,

Tongb liongs huat liongs beid zoub beid rongb,

同图话陇白夯白共。

Tongb tux huat liongs beid hangb beid gongx.

你陇白标白斗,

Nit liongs beid bioud beid deb,

炯陇白纵白秋。

Jiongx liongs beid zongb beid quid.

阿标发见产谷产标,

Ad bioud fad jianb chant guob chant bioud,

阿竹都见吧谷吧竹。

Ad zhub deb jianb bax guob bax zhub.

见剖你拢白苟白让,

Jianb bout nit liongb beid geb beid rangb,

见娘炯拢白加白竹。

Jianb niangb jiongx liongb beid jiad beid zhub.

你气葡剖葡娘,

Nit qit pud bout pud niangb,

炯气葡内葡骂。

Jiongx qit pud neid pud max.

你到先头,

Nit daox xiand toub,

炯到木汝。

Jiongx daox mub rux.

祝福发人发众，祈福添子发孙。

上天开眼送来官儿，上苍开恩送来富孙。

送儿骑驴跨马，送孙坐抬坐轿。

送儿要送聪慧，送孙要送聪明。

龙神进家，福神进户。

银儿来生来养，金孙来育来发。

发如群虾，多似群鱼。

如竹发来满坡满岭，似木发来满谷满地。

居来满家满宅，坐来满门满户。

一家发成千数千家，一户发成百数百户。

承根居来满乡满里，接祖坐来满村满寨。

居来光宗耀祖，坐来荣母耀父。

居得长命，坐得长寿。

（五）修力油章·Xuit lib youb zhuangb·驱魔遣煞

周先洞久，

Zhoub xiand dongt jub，

良木洞板。

Lial mub dongt band.

闹达列拢修力，

Laox dab lieb liongb xuit lib，

闹送列拢油章。

Laox songx lieb liongb youb zhuangb.

窝汝送斗、

Aot rux songx doub、

几修阿标林休归先归得，

Jid xuit ad bioud liuongb xut guid xiand guid deib，

窝汝穷炯、

Aot rux qiongb jiongx、

几修阿竹共让归木归嘎。

Jid xuit ad zhub gongx rangx guid mub guid gad.

内浪先头转嘎虫兰，

Neib nangb xiand toub zhuanb gad chongb lanb，

木汝奈拿虫兄。

Mub rux naib nal chongb xiongd.

窝汝送斗，

Aot rux songx doub，

列修补就内绒吉标、

Lieb xuit but jux neib rongb jib bioud、

加皮几纵苟翁、

Jiad pix jid zongb goud wengd、

穷斗吉翁吉标见风、

Qiongb deb jib wengd jib bioud jianb fengt、

弄偶报标、

Nongt oub baob bioud、

棍忙足吾补土、

Gunt mangb zub wut but tud、

嘎苟录格、

Gad geud lub gied、

楼帮够斗、

Noub bangx goub dout、

豆剖腊蒙、

Dout bout lab mengb、

意苟招凤、

Yib goub zhaob fengt、

从篓几乙、

Congb loud jid yib、

狗嘎告豆。

Guoud gad gaob dout.

修嘎篓滚浪补，

Xuit gad loub gunb nangb bub,

油嘎篓穷浪冬。

Yob gad loud qiongx nangb dongt.

补路列修楼绒，

But lux lieb xuit loud rongb,

比路列修弄棍。

Bid lux lieb xuit nongb gunt.

列修爬迷报能，

Lieb xuit pax miongb baob nongb,

爬穷报热。

Pax qiongx baob reib.

出格斗标，

Chud gieb doub bioud,

喂怪柔纵。

Weix guaib roub zongx.

修嘎得忙禾交便告斗补，

Xuit gad deib mangb aob jiaot biat gaob doub bub,

油嘎度忙禾茶照告然冬。

Youb gad dux mangb aob cad zhaob gaob rab dongt.

阿酒——阿酒。　　　　　　　　　　　（摇铃放筶）

Ab jiux—— ab jiux.

留气已了，佑福已完。
上达要来收煞，上到要来解祸。
烧好糠香、不收一家大小生气儿气，
烧好蜡烟、不收一屋老幼洪福孙福。
信士的生气收在身中，洪福系在体内。
烧好糠蜡宝香，要收三年恶煞家中、
噩梦做在床头、是非口舌、
浓烟乱起家中、恶蛇进家、
死鬼作祟、亡神丧木、
鸡怪鸭兆、田中坟井、
乌云黑雾、毒疮伤患、

狗屎门前。

收去阳州以西，解去阴州一县。

土中要收稻瘟，地头要收米疫。

要收毒蚁进家，红蚁进库。

凶兆家中，怪异家内。

收去冤家仇人、五方山地，

解送仇人冤孽，六方山脉。

神韵——

吉标斗妻列休扛久，

Jib bioud doub qud lieb xut gangb jub,

几竹弄力列油扛板。

Jid zhub nongx lib lieb youb gangb banb.

休约列休几齐，

Xut yod lieb xut jid qit,

油约列油吉叫。

Youb yod lieb yout jib jiaob.

列休几久吉够，

Lieb xut jid jub jid goub,

列油几嘎吉八。

Lieb youb jib gad jib bad.

列休——

Lieb xut—

列乖就达拍见，

Lieb gweit jux dab peit jianb,

就挂袍嘎。

Jux guax paox gad.

拍见见内篓吾篓斗，

Peit jianb jianb neib loub wut loub deb,

袍嘎见内挂苟挂绒。

Paox gad jianb neib guax geud guax rongb.

首狗狗腊几林，

Soud goud goud lab jid linb,

首爬爬腊几章。

Soud bax bax lab jid zhuangb.

岔见几单白豆，

Chax jianb jid dand baid dout,

岔嘎几到白斗。

Chax gad jid daox baid deb.

见你窝打否腊拍猛，

Jianb nib aot dat boub lab peit mengb,

然召窝桶否腊袍闹。

Rad zhaob aob tongx boub lab paox laox.

打书猛豆，

Dat shut mengb dout,

达水达腊。

Dat shuit dab lab.

几齐休闹乙热内补，

Jid qit xut laox yid reb neib bub,

吉叫油嘎以然内冬。

Jid jiaob yub gad yid rab neib dongt.

休嘎补洽比排，

Xut gad but qiax bid paib,

油闹便排照告。

Yout laox biat paib zhaob gaox.

休约吉标几没，

Xut yod jid bioud jid meib,

油约吉竹几斗。

Yout yod jid zhub jib doub.

家中凶煞都要收走，宅内恶鬼都要除去。
驱赶必要收尽，驱除必须除完。
要收透透彻彻，要除干干净净。
要收——
年头失耗，年尾破财。
失耗如同水消，破财如同山崩。

养狗狗也不长，喂猪猪也不肥。

挣钱不得到手，挣米不得到口。

财在箱中失耗，钱在袋中失落。

猪瘟时气，牛瘟马僵。

都要赶到他乡别里，全部驱到他地别处。

赶到天涯东西，驱到地角南北。

赶了家中再也没有，驱了家内再也不见。

吉标斗妻列休扛久，

Jib bioud doub qud lieb xut gangb jub,

几竹弄力列油扛板。

Jid zhub nongx lib lieb yout gangb banb.

休约列休几齐，

Xut yod lieb xut jid qit,

油约列油吉叫。

Yub yod lieb yout jib jiaob.

列休几久吉够，

Lieb xut jid jub jid goub,

列油几嘎吉八。

Lieb youb jib gad jib bad.

列休——

Lieb xut—

列乖兵尼汝内，

Lieb gweit biongb nib rux neit,

常照达龙。

Changb zhaob dab longd.

兵竹如汝打几，

Biongb zhub rub rux dat jit,

常拢斩松吧难。

Changb liongb zaid songd bab nanx.

兵竹走洽走千，

Biongb zhub zoub qiax zoub qiand,

兵吹走拍走袍。

Biongb chuid zoub peid zoub paox.

达柔照闹，

Dab rout zhaob laot,

达紧召掉。

Dab jind zhaob diaox.

走汉加绒当苟，

Zoub hanx jiad rongb dangb goud,

走召加棍当公。

Zoub zhaob jiad gunt dangb gongt.

几滚吉乖，

Jid gunt jib gweit,

几白吉袍。

Jib baib jid paox.

得状几转达休，

Deib zhuangb jid zhuanx dab xut,

得萨吉难达久。

Deib sax jib nanb dab jut.

几齐休闹乙热内补，

Jid qit xut laox yid reb neib bub,

吉叫油嘎以然内冬。

Jid jiaob yub gad yid rab neib dongt.

休嘎补洽比排，

Xut gad but qiax bid paib,

油闹便排照告。

Youb laox biat paib zhaob gaox.

休约吉标几没，

Xut yod jid bioud jid meib,

油约吉竹几斗。

Youb yod jid zhub jib doub.

家中凶煞都要收走，宅内恶鬼都要除去。

驱赶必要收尽，驱除必须除完。

要收透透彻彻，要除干干净净。

要收——

出门好天，转来下雨。

出门之时平安健康，转家染来灾星八难。

出门遇到阻碍干扰，出外碰着意外灾祸。

走路伤脚，行道伤腿。

碰着凶神挡路，遇着恶煞当道。

冤屈来担，冤枉来当。

官牙案子来担，是非口嘴来当。

都要赶到他乡别里，全部驱到他地别处。

赶到天涯东西，驱到地角南北。

赶了家中再也没有，驱了家内再也不见。

吉标斗妻列休扛久，

Jib bioud doub qud lieb xut gangb jub,

几竹弄力列油扛板。

Jid zhub nongx lib lieb yub gangb banb.

休约列休几齐，

Xut yod lieb xut jid qit,

油约列油吉叫。

Youb yod lieb yout jib jiaob.

列休儿久吉够，

Lieb xut jid jub jid goub,

列油几嘎吉八。

Lieb yub jib gad jib bad.

列休——

Lieb xut—

列乖孟豆报标报斗，

Lieb gweit mengt dout baob bioub baob deb,

达腊报纵报秋。

Dab lab baob zongx baob qiux.

服嘎见内服吾，

Fud gad jianb neib fud wut,

服江见内服斗。

Fud jiangb jianb neib fud doub.

加孟嘎休然得，

Jiad mengt gad xut rab deib，

加豆嘎先然木。

Jiad dout gad xiand rab mub.

昂内不汉几录，

Angb neit bub hanx jid lub，

昂弄秀先踏木。

Angb nongx xiux xiand tax mub.

当得当教，

Dangx deib dangx jiaox，

总包总娄。

Congb bet congb loud.

几齐休闹乙热内补，

Jid qit xut laox yid reb neib bub，

吉叫油嘎以然内冬。

Jid jiaob youb gad yid rab neib dongt.

休嘎补洽比排，

Xut gad but qiax bid paib，

油闹便排照告。

Yout laox biat paib zhaob gaox.

休约吉标几没，

Xut yod jid bioud jid meib，

油约吉竹几斗。

Yout yod jid zhub jib doub.

家中凶煞都要收走，宅内恶鬼都要除去。
驱赶必要收尽，驱除必须除完。
要收透透彻彻，要除干干净净。
要收——
顽疾到家到宅，恶病到门到房。
吃药如同人们吃水，喝药如同人们喝汤。
顽疾染在身中，恶病患在体内。

热天穿大棉衣，冷天气喘欲断。

病床久困，眠床久卧。

都要赶到他乡别里，全部驱到他地别处。

赶到天涯东西，驱到地角南北。

赶了家中再也没有，驱了家内再也不见。

吉标斗妻列休扛久，

Jib bioud doub qud lieb xut gangb jub，

几竹弄力列油扛板。

Jid zhub nongx lib lieb yout gangb banb.

休约列休几齐，

Xut yod lieb xut jid qit，

油约列油吉叫。

Youb yod lieb yub jib jiaob.

列休几久吉够，

Lieb xut jid jub jid goub，

列油几嘎吉八。

Lieb youb jib gad jib bad.

列休——

Lieb xut—

列乖中缪浪汉声昂，

Lieb gweit zhongb mioub nangb hanx shongt angt，

良内吉话声年。

Niangb neib jib huax shongt niaob.

咱绒咱棍召篓召追，

Zad rongb zad gunt zhaob loub zhaob zhuix，

咱格咱怪召抓召尼。

Zad gieb zad guaix zhaob zhuab zhaob nib.

巴鸟几洽，

Bad niaob jid qiat，

巴加几柔。

Bad jiab jid roub.

干然柔先，

Ganb ranb roub xiand,

奶咩柔甲。

Liaib miab roub jiab.

到比拿突拿痛,

Daox bid nab tud nab tongx,

图久拿苟拿绒。

Tub jiud nab geub nab rongb.

召篓列仇列大,

Zhaob loud lieb choub lieb dax,

召追列架列能。

Zhaob zhuix lieb giad lieb nongb.

几齐休闹乙热内补,

Jid qit xut laox yid reb neib bub,

吉叫油嘎以然内冬。

Jid jiaob yub gad yid rab neib dongt.

休嘎补洽比排,

Xut gad but qiax bid paib,

油闹便排照告。

Youb laox biat paib zhaob gaox.

休约吉标几没,

Xut yod jid bioud jid meib,

油约吉竹几斗。

Youb yod jid zhub jib doub.

家中凶煞都要收走,宅内恶鬼都要除去。
驱赶必要收尽,驱除必须除完。
要收透透彻彻,要除干干净净。
要收——
耳朵听那哭丧,幻觉听到哭号。
见鬼见神在前在后,见蛊见怪在左在右。
歪嘴来啖,张口来吞。
大齿如钉,长舌如耙。
鬼头大似木桶,鬼身大如山岚。

在前要提要抓，在后要吞要吃。

都要赶到他乡别里，全部驱到他地别处。

赶到天涯东西，驱到地角南北。

赶了家中再也没有，驱了家内再也不见。

吉标斗妻列休扛久，

Jib bioud doub qud lieb xut gangb jub,

几竹弄力列油扛板。

Jid zhub nongx lib lieb yout gangb banb.

休约列休几齐，

Xut yod lieb xut jid qit,

油约列油吉叫。

Youb yod lieb yout jib jiaob.

列休几久吉够，

Lieb xut jid jub jid goub,

列油几嘎吉八。

Lieb youb jib gad jib bad.

列休——

Lieb xut—

列乖达炯兵绒豆内，

Lieb gweit dab jiongx biongb rongb dout neib,

达兄兵帮豆总。

Dab xiongd biongt bangd dout zongb.

打弄求周拢嘎，

Dab nongt qiux zhoub liongb gad,

打够求处拢豆。

Dab goud qiux chux liongb dout.

打且拢千夫比夫缪，

Dab queb liongb qiand fut bid fut mioub,

达瓜拢千夫久夫得。

Dab guad liongb qiand fut jiud fud deib.

打昂帮处拢嘎拢豆，

Dab angb bangx chux liongb gad liongb doub,

达休帮绒拢固拢不。

Dab xiut bangx rongb liongb gub liongb bub.

走巧走加，

Zoub qiaot zoub jiad,

走雄走害。

Zoub xiongt zoub hanx.

几齐休闹乙热内补，

Jid qit xut laox yid reb neib bub,

吉叫油嘎以然内冬。

Jid jiaob yout gad yid rab neib dongt.

休嘎补洽比排，

Xut gad but qiax bid paib,

油闹便排照告。

Yout laox biat paib zhaob gaox.

休约吉标几没，

Xut yod jid bioud jid meib,

油约吉竹几斗。

Youb yod jid zhub jib doub.

家中凶煞都要收走，宅内恶鬼都要除去。
驱赶必要收尽，驱除必须除完。
要收透透彻彻，要除干干净净。
要收——
老虎出山来咬，豹子出岭来啖。
毒蛇出洞来咬，毒虫出穴来啄。
黄蜂蜇来肿头肿脑，毒蜂蜇来肿身肿体。
山林野兽来吃来咬，毒蛇猛兽来侵来害。
遇凶遇险，当灾当祸。
都要赶到他乡别里，全部驱到他地别处。
赶到天涯东西，驱到地角南北。
赶了家中再也没有，驱了家内再也不见。

吉标斗妻列休扛久，

Jib bioud doub qud lieb xut gangb jub，

几竹弄力列油扛板。

Jid zhub nongx lib lieb youb gangb banb.

休约列休几齐，

Xut yod lieb xut jid qit，

油约列油吉叫。

Youb yod lieb yout jib jiaob.

列休几久吉够，

Lieb xut jid jub jid goub，

列油几嘎吉八。

Lieb youb jib gad jib bad.

列休——

Lieb xut—

列乖能锐几没首久，

Lieb gweit nongb ruit jid meib shoux jub，

能列几没首得。

Nongb liex jid meib shoux deib.

能锐走洽走千，

Nongb ruit zoub qiat zoub qiand，

能列关公关咩。

Nongb liex guand gongb guand miab.

能走够巧到梦单久，

Nongb zoub gout qiaox daox mengb dand jut，

能召够加到豆单得。

Nongb zhaob goud jiad daox dout dand deib.

能锐腊召锐巧锐加，

Nongb ruit lab zhaob ruit qiaot ruit jiad，

能列腊召列向列昂。

Nongb liex lab zhaob lieb xiangx lieb angb.

几齐休闹乙热内补，

Jid qit xut laox yid reb neib bub，

吉叫油嘎以然内冬。

Jid jiaob yub gad yid rab neib dongt.

休嘎补洽比排，

Xut gad but qiax bid paib,

油闹便排照告。

Yout laox biat paib zhaob gaox.

休约吉标几没，

Xut yod jid bioud jid meib,

油约吉竹几斗。

Yout yod jid zhub jib doub.

家中凶煞都要收走，宅内恶鬼都要除去。
驱赶必要收尽，驱除必须除完。
要收透透彻彻，要除干干净净。
要收——
吃菜没有养身，吃饭没有养体。
吃菜碰着骨刺，吃饭遇着毒食。
吃着毒菌染患恶疾，吃着毒药染患恶病。
吃菜吃着有毒有害，吃饭吃着有灾有难。
都要赶到他乡别里，全部驱到他地别处。
赶到天涯东西，驱到地角南北。
赶了家中再也没有，驱了家内再也不见。

吉标斗妻列休扛久，

Jib bioud doub qud lieb xut gangb jub,

几竹弄力列油扛板。

Jid zhub nongx lib lieb yout gangb banb.

休约列休几齐，

Xut yod lieb xut jid qit,

油约列油吉叫。

Youb yod lieb yout jib jiaob.

列休几久吉够，

Lieb xut jid jub jid goub,

列油几嘎吉八。

Lieb youb jib gad jib bad.

列休——

Lieb xut—

列乖服吾服召嘎冬尼，

Lieb gweit fud wut fud zhaob gad dongt neib,

服斗服召嘎冬油。

Fud dout fud zhaob gad dongt yout.

斗冲冲召窝边葡，

Doub chongx chongx zhaob aot biand put,

冲边冲召窝边奶。

Chongx biad chongx zhaob aob biad leid.

炯照补浓猛头莎，

Jiongx zhaob but niongb mengb toub sad,

冲到花连哭炯走。

Chongx daox huad lianb kux jiongx zoub.

没内几到内拢酷，

Meib neib jid daox neid liongb kut,

没骂几到骂拢首。

Meib max jib daox max liongb soud.

几齐休闹乙热内补，

Jid qit xut laox yid reb neib bub,

吉叫油嘎以然内冬。

Jid jiaob youb gad yid rab neib dongt.

休嘎补洽比排，

Xut gad but qiax bid paib,

油闹便排照告。

Yout laox biat paib zhaob gaox.

休约吉标几没，

Xut yod jid bioud jid meib,

油约吉竹几斗。

Yout yod jid zhub jib doub.

　　家中凶煞都要收走，宅内恶鬼都要除去。
　　驱赶必要收尽，驱除必须除完。

要收透透彻彻，要除干干净净。

要收——

吃水吃着牛蹄水，吃汤吃着牛脚汤。

手拿拿着腐朽木，拿棍拿着短拐棍。

坐着草把烤糠火，手拿铧镰挖草根。

有娘没得娘来养，有爹没得爹来育。

都要赶到他乡别里，全部驱到他地别处。

赶到天涯东西，驱到地角南北。

赶了家中再也没有，驱了家内再也不见。

吉标斗妻列休扛久，

Jib bioud doub qud lieb xut gangb jub，

几竹弄力列油扛板。

Jid zhub nongx lib lieb yout gangb banb.

休约列休几齐，

Xut yod lieb xut jid qit，

油约列油吉叫。

Youb yod lieb yub jib jiaob.

列休几久吉够，

Lieb xut jid jub jid goub，

列油几嘎吉八。

Lieb yub jib gad jib bad.

列休——

Lieb xut—

列乖涨吾拢不，

Lieb gweit zhangb wut liongb bub，

瓜苟拢特。

Guax geub liongb teix.

吾滚不猛得从，

Wut gunb bub mengb deib congt，

吾穷不猛得闹。

Wut qiongx bub mengb deib laox.

背苟葡干葡内，

Beid goub pub ganb pub neix,

背绒葡柔葡紧。

Beid rongb pub rout pub giongd.

拍夯闹豆,

Peit hangb laox dout,

拍共闹岔。

Peit gongd laox chax.

几齐休闹乙热内补,

Jid qit xut laox yid reb neib bub,

吉叫油嘎以然内冬。

Jid jiaob yub gad yid rab neib dongt.

休嘎补洽比排,

Xut gad but qiax bid paib,

油闹便排照告。

Yout laox biat paib zhaob gaox.

休约吉标几没,

Xut yod jid bioud jid meib,

油约吉竹几斗。

Yout yod jid zhub jib doub.

家中凶煞都要收走,宅内恶鬼都要除去。
驱赶必要收尽,驱除必须除完。
要收透透彻彻,要除干干净净。
要收——
涨水来冲,垮山来压。
洪水冲去险滩,泥流冲去凶地。
高山垮山滑坡,大岭垮岩垮土。
垮山滑坡,垮岩落土。
都要赶到他乡别里,全部驱到他地别处。
赶到天涯东西,驱到地角南北。
赶了家中再也没有,驱了家内再也不见。

吉标斗妻列休扛久,

Jib bioud doub qud lieb xut gangb jub,

几竹弄力列油扛板。

Jid zhub nongx lib lieb yout gangb banb.

休约列休几齐，

Xut yod lieb xut jid qit,

油约列油吉叫。

Youb yod lieb yub jib jiaob.

列休几久吉够，

Lieb xut jid jub jid goub,

列油几嘎吉八。

Lieb yout jib giat jib bad.

列休——

Lieb xut—

列乖加绒报标，

Lieb gweit jiad rongb baob bioub,

加棍报竹。

Jiad ghunt baob zhub.

加绒报标拢促拢出，

Jiad rongb baob bioub liongb zub liongb chub,

加棍报竹拢仇拢大。

Jiad gunt baob zhub liongb choub liongb dab.

加绒报标苟数拢转，

Jiad rongb baob bioud geud sux liongb zhuanb,

加棍报竹苟那拢奈。

Jiad gunt baob zhub goud nab liongb naib.

猛数产刚拢转拢数，

Mengb sut chant gangt liongb zhuanb liongb sud,

猛那吧虫拢套拢奈。

Mengb nab bad chongb liongb taox liongb naib.

几者咱巧走巧，

Jib zhed zab qiaot zoub qiaot,

几锐咱加走加。

Jid ruib zad jiad zoub jiad.

几齐休闹乙热内补，

Jid qit xut laox yid reb neib bub，

吉叫油嘎以然内冬。

Jid jiaob yub gad yid rab neib dongt.

休嘎补洽比排，

Xut gad but qiax bid paib，

油闹便排照告。

Yout laox biat paib zhaob gaox.

休约吉标几没，

Xut yod jid bioud jid meib，

油约吉竹几斗。

Yout yod jid zhub jib doub.

　　家中凶煞都要收走，宅内恶鬼都要除去。
　　驱赶必要收尽，驱除必须除完。
　　要收透透彻彻，要除干干净净。
　　要收——
　　凶神进家，恶煞进户。
　　凶神进家来促来闹，恶煞进户来打来杀。
　　凶神进家拿锁来锁，恶煞进户拿索来捆。
　　大锁千斤来套来锁，大索百根来捆来绑。
　　乱扯乱勒染灾，乱绑乱捆染祸。
　　都要赶到他乡别里，全部驱到他地别处。
　　赶到天涯东西，驱到地角南北。
　　赶了家中再也没有，驱了家内再也不见。

吉标斗妻列休扛久，

Jib bioud doub qud lieb xut gangb jub，

几竹弄力列油扛板。

Jid zhub nongx lib lieb yout gangb banb.

休约列休几齐，

Xut yod lieb xut jid qit，

油约列油吉叫。

Youb yod lieb yout jib jiaob.

列休几久吉够,

Lieb xut jid jub jid goub,

列油几嘎吉八。

Lieb youb jib gad jib bad.

列休——

Lieb xut—

列乖打便抓汉背斗棍,

Lieb gweit dat biat zhuad hanx beib deb ghunt,

打豆图汉背斗穷。

Dat dout tub hanx beib deb qiongb.

穷斗见风白苟白让,

Qiongb dout jianb fengd baib goud baib rangb,

穷标见度白加白竹。

Qiong bioub jianb dux baib jiad baib zhub.

出汉猛风几油,

Chub hanx mengb fengd jid yout,

当汉猛记吉哨。

Dangb hanx mengb jix jib xiaox.

标炯标你走巧走加,

Bioub jiongx bioub nib zoub qiaot zoub jiad,

标柔标瓦咱滚咱穷。

Bioud rout bioud wab zad gunb zad qiongx.

几齐休闹乙热内补,

Jid qit xut laox yid reb neib bub,

吉叫油嘎以然内冬。

Jid jiaob yub gad yid rab neib dongt.

休嘎补洽比排,

Xut gad but qiax bid paib,

油闹便排照告。

Yout laox biat paib zhaob gaox.

休约吉标几没,

Xut yod jid bioud jid meib,

油约吉竹几斗。

Yout yod jid zhub jib doub.

    家中凶煞都要收走，宅内恶鬼都要除去。
    驱赶必要收尽，驱除必须除完。
    要收透透彻彻，要除干干净净。
    要收——
    天上掉下火把星，地上烧火冲天红。
    浓烟成团满村满寨，烟火凶猛满家满户。
    遭那大风乱吹，遇那恶风乱窜。
    家宅住房遭了天火，瓦房木房烧成灰烬。
    都要赶到他乡别里，全部驱到他地别处。
    赶到天涯东西，驱到地角南北。
    赶了家中再也没有，驱了家内再也不见。

吉标斗妻列休扛久，

Jib bioud doub qud lieb xut gangb jub，

几竹弄力列油扛板。

Jid zhub nongx lib lieb yout gangb banb.

休约列休几齐，

Xut yod lieb xut jid qit，

油约列油吉叫。

Youb yod lieb yout jib jiaob.

列休几久吉够，

Lieb xut jid jub jid goub，

列油几嘎吉八。

Lieb youb jib gad jib bad.

列休——

Lieb xut—

列乖打尼几剖拢达，

Lieb gweit dad neib jid pout liongb dab，

打油吉刚拢抓。

Dab yout jib gangd liongb zhuax.

尼固吉标达闹猛干，

Neib gud jib bioud dab laox mengb ganb,

油忙几竹抓闹猛内。

Youb mangb jid zhub zhuad laox mengb neix.

尼固吉标嘎炯，

Neib gud jib bioud gad jiongx,

油忙记竹嘎将。

Youb mangb jid zhub gad jiangx.

列熟几单公力，

Lieb shub jid dand gongd lib,

列记几单公八。

Lieb jix jid dand gongb bab.

几齐休闹乙热内补，

Jid qit xut laox yid reb neib bub,

吉叫油嘎以然内冬。

Jid jiaob youb gad yid rab neib dongt.

休嘎补洽比排，

Xut gad but qiax bid paib,

油闹便排照告。

Yout laox biat paib zhaob gaox.

休约吉标几没，

Xut yod jid bioud jid meib,

油约吉竹几斗。

Yout yod jid zhub jib doub.

家中凶煞都要收走，宅内恶鬼都要除去。
驱赶必要收尽，驱除必须除完。
要收透透彻彻，要除干干净净。
要收——
水牯用角来抵，黄牯用角乱碰。
水牯掉下悬崖，黄牯掉下悬岩。
水牯染了牛瘟，黄牯染了时气。
要犁不到田里，要耙不到田内。

都要赶到他乡别里，全部驱到他地别处。

赶到天涯东西，驱到地角南北。

赶了家中再也没有，驱了家内再也不见。

吉标斗妻列休扛久，

Jib bioud doub qud lieb xut gangb jub,

几竹弄力列油扛板。

Jid zhub nongx lib lieb yout gangb banb.

休约列休几齐，

Xut yod lieb xut jid qit,

油约列油吉叫。

Youb yod lieb yout jib jiaob.

列休几久吉够，

Lieb xut jid jub jid goub,

列油几嘎吉八。

Lieb yout jib gad jib bad.

列休——

Lieb xut—

列乖抓军报苟，

Lieb gweit zhuab jund baob geub,

抢犯报让。

Qiangd fanx baob rangb.

抓军报苟拢娄拢仇，

Zhuab giuongt baob geub liongb loub liongb choub,

枪犯报让拢抢拢大。

Qiangd fanx baob rangb liongb qiangd liongb dab.

猛庆几吼，

Mengb qut jib houb,

猛炮吉话。

Mengb paox jib huax.

围标围斗，

Weib bioud weib deb,

围总围秋。

Weib zongb weib qiud.

咱拔腊娄苟仇，

Zad bab lab loub geud choub,

咱浓腊娄苟大。

Zad niongx lab loub geud dax.

几吼声昂，

Jib houd shongt angb,

吉话声年。

Jib huax shongt nianb.

几齐休闹乙热内补，

Jid qit xut laox yid reb neib bub,

吉叫油嘎以然内冬。

Jid jiaob yub gad yid rab neib dongt.

休嘎补洽比排，

Xut gad but qiax bid paib,

油闹便排照告。

Yout laox biat paib zhaob gaox.

休约吉标几没，

Xut yod jid bioud jid meib,

油约吉竹几斗。

Yout yod jid zhub jib doub.

家中凶煞都要收走，宅内恶鬼都要除去。
驱赶必要收尽，驱除必须除完。
要收透透彻彻，要除干干净净。
要收——
恶军进村，土匪进寨。
恶军进村乱烧乱打，土匪进寨乱抢乱杀。
枪声震村，炮声震寨。
围家围宅，围房围室。
见到女人就打，见到男人就杀。
哭声震天，喊号登地。
都要赶到他乡别里，全部驱到他地别处。

赶到天涯东西，驱到地角南北。
赶了家中再也没有，驱了家内再也不见。

吉记久扛斗绒斗棍，
Jib jix jut gangb doub rongb doub gunt，
吉压久扛斗格斗怪。
Jib yad jut gangb doub gied doub guaix.
列乖久扛没猛没斗，
Lieb gweit jut gangb meib mengt meib dout，
列度久扛没斩没难。
Lieb dux jut gangb meib zaid meib nanx.
吉记久扛斗事斗录，
Jib jix jut gangb doub shix doub lub，
吉压久扛没章没萨。
Jib yax jut gangb mengb zhuangb meib sad.
吉记扛否久斗窝得麻你，
Jib jix gangb woub jut doub aot deib mab nit，
吉压扛否久斗窝秋麻炯。
Jib yax gangb woub jut doub aot qiud mab jiongx.
吉记扛猛几齐吉叫，
Jib jix gangb mengb jid qit jib jiaob，
吉牙扛猛几嘎吉八。
Jib yax gangb mengb jid gad jib bad.
吉记——
Jib jix—

驱除不让有那凶神恶鬼，赶杀不让有那凶兆怪异。
要赶不让再有疾病缠体，要除不让再有灾难祸害。
驱除不让再有是非口嘴，赶杀不让再有官非欺压。
驱除不让它有躲藏之地，赶杀不让它有栖身之处。
驱除赶去完全彻底，赶杀赶去祸根断除。

记否苟闹哭内追补，

Jix woub geud laox kux neib zhuix bub,

压否苟闹哭那追绒。

Yax woub geud laox kux nab zhuix rongb.

记否苟闹哭吾不猛得够,

Jix woub goud laox kux wut bub mengb deib gout,

压否苟闹哭斗不猛得越。

Yax woub goud laox kux dout bub mengb deib yueb.

记否几扛否长单补单冬,

Jix woub jid gangb woub changb dand bub dand dongt,

压否几扛否长单纵单秋。

Yax woub jid gangb woub changb dand zongb dand qiud.

　　赶它赶去日洞深坑,遣它遣去月穴深潭。
　　赶它赶去暗流让水冲去天涯,遣它遣去天坑让水冲去海角。
　　赶它让它永远转不到这里,遣它让它永久回不到此间。

斗妻列读几齐,

Doub qud lieb dub jid qit,

弄力列他吉叫。

Nongx lib lieb ad jib jiaob.

读约再读几久吉够,

Dub yod zaix dub jid jub jid goub,

他约再他几嘎吉八。

Tad yod zaix tad jid gad jib bad.

读约列扛头炯头高,

Dub yod lieb gangb toub jiongb toub gaod,

他约列扛头久头得。

Tad yod lieb gangb toub jut toub deib,

读约列扛则鲁则炯,

Dux yod lieb gangb zeit lux zeib jiongb,

他约列扛则齐则叫。

Tad yod lieb gangb zeid qib zeid jiaob.

列他——

Lieb tad—

魑魅要灭彻底，魍魉要杀干尽。
灭了再灭完全彻底，杀了再杀全部干净。
灭了要灭断根断苑，杀了要杀烂体烂身。
灭了要灭魑魅之种，杀了要杀魍魉之苗。
要灭——

白久追弄——
Baib jub zhuix nongd—
斗妻嘎你龙标龙斗，
Doub qud gad nit longb bioud longb deb，
弄力嘎炯龙纵龙秋。
Nongx lib gad jiongx longb zongb longb quid.
嘎你千兔，
Giad nit qiant miant，
嘎炯千乖。
Giad jiongx qiant gweit.
嘎你千图，
Giad nit qiant tub，
嘎炯千陇。
Giad jiongx qiant liongd.
嘎你禾突潮录麻果，
Giad nit aot tud zaox lub mab giuet，
嘎炯禾痛潮弄麻明。
Giad jiongx aot tongx zaox nongx mab miongb.
嘎你禾矮昂肖，
Giad nit aot aib angb xiaot，
嘎炯禾纵酒共。
Giad jiongx aot zongb jiud gongx.
几猛走比麻八，
Jid mengb zoub bid mab bad，
斗冲蒙嘎半弟、

Doub chongt mengb gad banb dib、

斗尼锐蒙吉仰。

Doub nib ruib mengb jib yangd.

扛蒙召半楼腊楼嘎，

Gangb mengb zhaob banb loub lab loub giad，

召共楼猛楼浓。

Zhaob gongx loub mengb loub niongx.

扛蒙产豆腊长儿单号弄板纵，

Gangb mengb chant dout lab changb jid dand haox nongd band zongb，

扛蒙吧旧腊长儿送号弄板秋。

Gangb mengb bax jux lab changb jid songx haox nongd banb qiud.

鬼魅莫在屋角房角，邪魔莫坐房角宅角。

莫躲楼上，莫藏楼脚。

莫在穿枋，莫坐牌坊。

莫躲糯米白米桶中，莫藏小米亮米桶内。

莫躲酸肉坛里，莫藏酸鱼罐内。

不走抓发打脸、打出大门之外，右手提你翻滚。

送你滚坪烂土烂泥，滚坡烂杂烂草。

送你千年也回不转这里家堂，送你百岁也回不转此间家殿。

修力洞久，

Xiud lib dongb jus，

油章洞板。

Yout zhuangb dongb banb.

扑久洽埋难当，

Pud jub qiax maib nanb dangb，

扑要洽埋难留。

Pud yaox qiax maib nangb liub.

内沙儿单腊扑儿单，

Neb seax jid dand leas pud jid dand，

内包儿哭腊扑儿哭。

Neb baob jid kud leas pud jid kud.

打久打炯嘎怪喂斗得寿告见，

Dab jus dab jiongx gad guaib web doub deb sheut ghaot jianb,

打要打逃嘎怪剖弄告得送嘎。

Dab yaox dab taob gad guaib pout nongx ghaox deb songx gad.

声棍喂扑几久腊召，

Shongt ghunt web pub jid jub leas zhaob,

弄猛喂寿几板腊将。

Nongx mengb web shet jid banb leas jiangb.

列拢读约扛服，

Leb longs dub yod gangb fub,

窝秋扛龙。

Aob quix gangb longs.

阿酒——阿酒。 　　　　　　　　　　　　　　　（摇铃放笒）

Ab jiux—ab jiux.

收煞巳了，解祸巳完。

我讲多恐怕你难等，讲少怕你难待。

人教直的也讲直的，

人教曲的也讲曲的。

若多几句莫怪吾本弟子交钱，

若少几句莫怪我这师郎度纸。

神辞我讲不了也罢，

神韵我吟不完也放。

我要供来给喝，敬来送吃。

神韵——

（六）读猛纵浪酒·Dub mengb zongb nangb jiud·敬大桌上的酒

（注意：此时，户主敬酒人来到堂屋神桌边，立正站好，恭敬虔诚，双手捧起第一碗酒，缓缓地上下游动，待巴代放下响笒在桌面上的时候，对酒碗吹一口气，然后将酒吃下。千万不能将酒倒奠在地下，不能泼掉一点一滴酒，然后将酒碗从下巴往上刮一下，表示其酒一点一滴都不掉，要亲自动口将酒全部吃完才行。苗族不像其他民族那样敬鬼敬神时将酒食供品倒在地下，因为苗族人敬的是"我自己"，不是鬼神崇拜，也不是祖先灵魂崇拜，而是活生生的自我崇拜，是"自我不灭论"的具体体现。倒酒在地下敬鬼神是敬不到的、是犯规的，这是千百年来老祖宗留下来的很严格的规矩。以下每碗如此，每堂敬酒都得如此，下面不再复述。)

读阿这酒，

Dub ad zhex jiud,

读约阿散这酒，

Dub yod ad sant zhex jiud,

阿然龙弄。

Ad rab longb nongb.

酒豆酒江，

Jiud dout jiud jiangb,

酒江酒明。

Jiud jiangb jiud miuongb.

阿达公兄，

Ad dab gongb xiongb,

阿这糯然、

Ad zheb nub rab,

昂斩几锐公色，

Ghax zhad jid ruib gongb ses,

共色糯然。

Gongb ses nub rab.

阿散酒莽几洞先头，

Ad sant jiud mangb jid dongb xiand toub,

阿散酒卡吉良木汝。

Ad sant jiud kad jid liab mub rux.

几洞先头——

Jid dongb xiand toub—

阿标林休几最莎到先头，

Ad bioud liuongb xut jid zuib sax daox xiand toub,

吉良木汝——

Jid liab mub rux—

阿竹共让几最莎到木汝。

Ad zhub gongx rangx jid zuib sax daox mub rux.

麻让你单产谷产豆,

Mab rangx nit dand chant guob chant dout,

麻让炯挂吧谷吧就。

Mab rangx jiongx guax bax guob bax jux.

阿散这酒列拢扛服,

Ad sant zhex jiud lieb liongb gangb fud,

阿然龙弄列拢扛能。

Ad rab longb nongd lieb liongb gangb nongb.

酒豆酒江,

Jiud dout jiud jiangb,

酒江酒明。

Jiud jiangb jiud miuongb.

学西拔竹岭豆几内、

Xuob xid pead zhus liongs dout jid neb、

读约苟扛拔竹岭豆几内,

Dub yod geud gangb pead zhus liongs dout jid neb,

学笑浓竹岭且吉虐、

Xuox xiaox niongx zhus liongs quex jib nus、

读约苟扛浓竹林且吉虐。

Dub yod goud gangb niongx zhus liongs quex jib nus.

(学西拔竹岭豆布目、

(Xuox xid pead zhus liongs dout bub mus、

读约苟扛拔竹岭豆布目,

Dub yod goud gangb pead zhus liongs dout bub mus,

学笑浓竹岭且则厄、

Xuox xiaox niongx zhus liongs quex zeid gied、

读约苟扛浓竹林且则厄。)

Dub yod geud gangb niongx zhus liongs quex zeid gied.)

几拢扛单埋浪比豆,

Jid liongb gangb dand maib nangb bid dex，

吉冲扛送埋浪比斗。

Jib chongx gangb songx maib nangb bid doub.

拼散埋腊几最没服，

Pingt sant maib lab jid zuib meit fub，

拼卡埋莎几最没龙。

Piongt kax maib sax jid zuib meit longb.

否服自尼埋服，

Woub fub zid nib maib fub，

否能自尼埋能。

Woub nongb zid nib maib nongb.

否服埋服，

Woub fub maib fub，

否能埋能。

Woub nongb maib nongb.

拼散苟照打鸟，

Piongt sant goud zhaob dab niaob，

拼卡苟照达弄。

Piongt kax goud zhaob dab nongx.

阿——酒——阿——酒——   （摇铃放答）

Ab—jiux—ab—jiux—

敬上一呈供酒，一献敬酒。

香酒甜酒，甜酒蜜酒。

一碗热粑，一盘糯供。

下酒的熟肉，热粑糯供。

一呈供酒来换长气，一献供肉来换长寿。

来换水气、一家人小皆得长气，

来换长寿、一屋老幼皆得长寿。

少的坐过一千余年，老的活过一百余岁。

一呈供酒要敬给喝，一献敬酒要敬送吃。

香酒甜酒，甜酒蜜酒。

祭祀"最古的白天女车祖"，供送"最古的白天女车祖"。

敬奉"最老的白日男车神"，敬送"最老的白日男车神"。

或祭祀"最古的白天女车祖"，供送"最古的白天女车祖"。

敬奉"最老的白日男车神"，敬送"最老的白日男车神"。

双手递来你的手中，双手捧来递到你的手内。

人喝就是你们得喝，人吃就是你们得吃。

他喝你喝，他吃你吃。

吹气齐皆来喝，吹味齐皆来吃。

吹气喝在口中，吹味吃在嘴内。

神韵——

服约阿散这酒，

Fub yod ad sant zhex jiud,

阿然龙弄。

Ad rab longb nongb.

阿达酒豆酒江，

Ad dab jiud dout jiud jiangb,

阿这酒江酒明。

Ad zhex Jiud jiangb jiud miuongb.

得忙汝苟猛豆，

Deit mangb rux goud mengt dout,

度忙汝公猛炯。

Dux mangb rux gongt mengb jiongx.

龙锐江达长拢首久，

Nongb ruit jiangb dab changb liongb soud jiud,

龙列江这长拢首得。

Nongb liex jiangb zhex changb liongb soud deit.

求绒水单登绒，

Qiux rongb shuit dand dengd rongb,

闹夯水送告共。

Laox hangb shuit songx gaob gongx.

西约腊到先头，

Xid yod lab daox xiand toub,

笑约腊到木汝。

Xiaox yod lab daox mub rux.

产豆几没出格斗标，

Chant dout jid meib chud gib doub bioud，

吧就几没喂怪柔纵。

Bax jux jid meib weib guaix rout zongb.

你茶你猛产豆，

Nit cat nit mengb chant dout，

炯汝炯猛吧就。

Jiongx rux jiongx mengb bax jux.

猛出吾见腊拢，

Mengb chud wub jianb lab liongb，

猛岔吾嘎腊到。

Mengb chax wub gad lab daox.

出岭岭娘产豆，

Chud liuongx liuongx niangb chant dout，

出汝汝猛吧就。

Chud rux rux mengb bax jux.

阿——酒——阿——酒——　　　　　　　　（摇铃放筶）

Ab—jiux—ab— jiux—

喝了一呈的酒，一献的供。

一呈敬酒甜酒，一献甜酒供酒。

病者好了病体，病人脱了病患。

吃菜甜嘴养育身体，吃饭香口养育血肉。

上山得到山顶，下地得力到位。

敬了便得长气，祭了他得长寿。

千年没有凶兆家中，百岁没有怪异家内。

清吉居得千年，平安坐过百岁。

去寻大钱也来，去找横财也到。

致富富得千年，发家好过百岁。

神韵——

读欧这酒，

Dub out zhex jiud,

列拢读约欧散这酒，

Lieb liongb dub yod out sant zhex jiud,

列读欧然龙弄。

Lieb dub out rab longb nongb.

读约酒豆酒江，

Dub yod jiud dout jiud jiangb,

吉柔酒江酒明。

Jib roub Jiud jiangb jiud miuongb.

欧达公兄，

Out dab gongb xiongb,

欧这糯然。

Out zheb nub rab。

昂斩几锐公色，

Ghax zhad jid ruib gongb ses,

共色糯然。

Gongb ses nub rab.

欧散酒莽列扛汝苟猛豆，

Out sant jiud mangb lieb gangb rux goud mengt dout,

欧散酒卡列扛汝公猛炯。

Out sant jiud kax lieb gangb rux gongx mengt jiongx.

抓猛抓豆莎腊抓齐，

Zhuad mengt zhuad dout sax lab zhuad qit,

抓兄抓弄莎腊抓叫。

Zhuab xiongd zhuab nongx sax lab zhuab jiaob.

他弄读约欧散这酒，

Tax nongd dub yod out sant zhex jiud,

忙弄续约欧然龙弄。

Mangx nongd xud yod out rab longb nongb.

欧达酒豆酒江，

Out dab jiud dout jiud jiangb,

欧者酒江酒明。

Out zhex jiud jiangb jiud miuongb.

学西拔竹岭豆儿内、

Xuob xid pead zhus liongs dout jid neb、

读约苟扛拔竹岭豆儿内，

Dub yod geud gangb pead zhus liongs dout jid neb，

学笑浓竹岭且吉虐、

Xuox xiaox niongx zhus liongs quex jib nus、

读约苟扛浓竹林且吉虐。

Dub yod goud gangb niongx zhus liongs quex jib nus.

（学西拔竹岭豆布目、

（Xuox xid pead zhus liongs dout bub mus、

读约苟扛拔竹岭豆布目，

Dub yod goud gangb pead zhus liongs dout bub mus，

学笑浓竹岭且则厄、

Xuox xiaox niongx zhus liongs quex zeid gieb、

读约苟扛浓竹林且则厄。）

Dub yod geud gangb niongx zhus liongs quex zeid gied. ）

几拢扛单埋浪比豆，

Jid liongb gangb dand maib nangb bid dex，

吉冲扛送埋浪比斗。

Jib chongx gangb songx maib nangb bid doub.

否服自尼埋服，

Woub fub zid nib maib fub，

否能自尼埋能。

Woub nongb zid nib maib nongb.

否服埋服，

Woub fub maib fub，

否能埋能。

Woub nongb maib nongb.

拼散埋腊几最没服，

Piongt sant maib lab jid zuib meit fub，

拼卡埋莎几最没龙。

Qiongt kax maib sax jid zuib meit nongb.

拼散苟照打鸟，

Piongt sant goud zhaob dab niaob,

拼卡苟照达弄。

Piongt kax geud zhaob dab nongx.

阿——酒——阿——酒——　　　　　　　　　　（摇铃放筶）

Ab—jiux—ab—jiux—

要来敬上二呈供酒，要贡二献敬酒。

二呈香酒甜酒，二献甜酒蜜酒。

二碗热粑，二盘糯供。

下酒的熟肉，热粑糯供。

二呈供酒要来解病，二供干酒要来解痛。

脱痛脱病全都脱了，脱灾脱难全部脱完。

今天来敬二呈供酒，今日来贡二献敬酒。

二呈香酒甜酒，二献甜酒蜜酒。

祭祀"最古的白天女车祖"，供送"最古的白天女车祖"。

敬奉"最老的白日男车神"，敬送"最老的白日男车神"。

或祭祀"最古的白天女车祖"，供送"最古的白天女车祖"。

敬奉"最老的白日男车神"，敬送"最老的白日男车神"。

端着递到你们手中，拿着送到你们手内。

人喝就是你们得喝，人吃就是你们得吃。

他喝你喝，他吃你吃。

吹气齐皆来喝，吹味齐皆来吃。

吹气喝在口中，吹味吃在嘴内。

神韵——

服约欧散这酒，

Fub yod out sant zhex jiud,

服约欧然龙弄。

Fub yod out rab longb nongb.

欧达酒豆酒江，

Out dab jiud dout jiud jiangb,

欧这酒江酒明。

Out zhex jiud jiangb jiud miuongb.

得忙汝苟你茶，

Deit mangb rux goud nit cat，

度忙汝公炯汝。

Dux mangb rux gongt jiongx rux.

龙锐长江长纵大气，

Nongb ruit changb jiangb changb zongb dab qit，

龙列长江长你达写。

Nongb liex changb jiangb changb nit dab xied.

能锐首久长到先头，

Nongb ruit soud jiud changb daox xiand toub，

龙锐长江长纵木汝，

Nongb ruit changb jiangb changb zongb mub rux，

西约腊到先头麻林，

Xit yod lab daox xiand toub mab liuongb，

笑约腊到木汝麻头。

Xiaox yod lab daox mub rux mab toub.

产豆儿没出格斗标，

Chant dout jid meib chud gib doub bioud，

吧就儿没喂怪柔纵。

Bax jux jid meib weib guaix roub zongb.

你茶你猛产豆，

Nit cat nit mengb chant dout，

炯汝炯猛吧就。

Jiongx rux jiongx mengb bax jux.

你气葡剖葡乜，

Nit qix pub pout pub nas，

炯气葡内葡骂。

Jiongx qix pub neid pub max.

你气窝柔斗补，

Nit qit aot roub doub bub，

炯气窝图然冬。

Jiongx qit aot tub rab dongt.

你气冬林夯公，

Nit qit dongt liuongb hangb gongt,

炯气绒善夯他。

Jiongx qit rongb shait hangb tax.

阿——酒——阿——酒——　　　　　　　　（摇铃放箸）

Ab—jiux—ab—jiux—

喝了二呈的酒，二献的供。

二呈敬酒甜酒，二献甜酒供酒。

病者好病痊愈，病人脱病安康。

吃菜甜嘴甜在肚中，吃饭香口甜在心内。

吃菜甜嘴得到延单，吃饭香口得到益寿。

千年没有凶兆家中，百岁没有怪异家内。

清吉居得千年，平安坐过百岁。

居来承根接祖，坐来添子发孙。

居来寿同古木，坐来寿同古树。

居来寿如南岭，坐来寿比南山。

神韵——

读补这酒，

Dub but zhex jiud,

读约补散这酒，

Dub yod but sant zhex jiud,

读扛补然龙弄。

Dub gangb but rab longb nongb.

补达酒豆酒江，

But dab jiud dout jiud jiangb,

补这酒江酒明。

But zhex jiud jiangb jiud miuongb.

补达公兄，

But dab gongb xiongb,

补这糯然。

But zheb nub rab.

昂斩几锐公色，

Ghax zhad jid ruib gongb ses,

共色糯然。

Gongb ses nub rab.

补散酒莽告归,

But sant jiud mangb gaob guit,

补散酒卡料爬。

But sant jiud kad liaox bax.

标归长单长齐,

Bioud guit changb dand changb qit,

且爷长足长汝。

Quex yueb changb zub changb rux.

读约补散这酒,

Dub yod but sant zhex jiud,

读扛补然龙弄。

Dub gangb but rab longb nongb.

补达酒豆酒江,

But dab jiud dout jiud jiangb,

补这酒江酒明。

But zhex jiud jiangb jiud miuongb.

学西拔竹岭豆几内、

Xuob xid pead zhus liongs dout jid neb、

读约苟扛拔竹岭豆几内,

Dub yod goud gangb pead zhus liongs dongt jid neb,

学笑浓竹岭且吉虐、

Xuox xiaox niongx zhus liongs quex jib nus、

读约苟扛浓竹林且吉虐。

Dub yod goud gangb niongx zhus liongs quex jib nus.

(学西拔竹岭豆布日、

（Xuox xid pead zhus liongs dout bub mus、

读约苟扛拔竹岭豆布目,

Dub yod goud gangb pead zhus liongs dout bub mus,

学笑浓竹岭且则厄、

Xuox xiaox niongx zhus liongs quex zeid gieb、

读约苟扛浓竹林且则厄。)

Dub yod goud gangb niongx zhus liongs quex zeid gieb. ）

几拢扛单埋浪比豆,

Jid liongb gangb dand maib nangb bid dex，

吉冲扛送埋浪比斗。

Jib chongx gangb songx maib nangb bid doub.

拼散埋腊几最没服,

Piongt sant maib lab jid zuib meit fub，

拼卡埋莎几最没龙。

Qiongt kax maib sax jid zuib meit nongb.

拼散苟照打鸟,

Piongt sant goud zhaob dab niaob，

拼卡苟照达弄。

Piongt kax goud zhaob dab nongx.

阿——酒——阿——酒——   （摇铃放笼）

Ab—jiux—ab—jiux—

敬上三呈供酒,三献敬酒。

三呈香酒甜酒,三献甜酒蜜酒。

三碗热粑,三盘糯供。

下酒的熟肉,热粑糯供。

三呈供酒要来理魂,三献干酒要来赎魂。

理魂理得回来回齐,赎魂赎得回全回好。

敬上三呈供酒,敬送三献敬酒。

三呈香酒甜酒,三献甜酒供酒。

祭祀"最古的白天女车祖",供送"最古的白天女车祖"。

敬奉"最老的白日男车神",敬送"最老的白日男车神"。

或祭祀"最古的白天女车祖",供送"最古的白天女车祖"。

敬奉"最老的白日男车神",敬送"最老的白日男车神"。

端着送到你们手中,拿着送到你们手内。

吹气齐皆来喝,吹味齐皆来吃。

吹气喝在口中,吹味吃在嘴内。

神韵——

服约补散这酒，

Fub yod but sant zhex jiud，

补然龙弄。

But rab longb nongb.

补达酒豆酒江，

But dab jiud dout jiud jiangb，

补这酒江酒明。

But zhex jiud jiangb jiud miuongb.

得忙汝别长拢锐锐，

Deit mangb rux boub changb liongb ruit ruit，

度忙汝归长单让让。

Dux mangb rux guit changb dand rangx rangx.

别归长拢转嘎虫兰，

Boub guit changb liongb zhuanb gad chongb lanb，

且越长拢奈拿报长。

Quex yueb changb liongb naib nab baox changb.

别归长拢汝久汝得，

Boub guit changb liongb rux jiud rux deib，

且越长拢抓卡汝绒。

Quex yueb changb liongb zhuab kax rux rongb.

你茶你猛产豆，

Nit cat nit mengb chant dout，

炯汝炯猛吧就。

Jiongx rux jiongx mengb bax jux.

阿——酒——阿——酒——　　　　　　　　　　（摇铃放笤）

Ab—jiux—ab—jiux—

　　喝了三呈的酒，三献的供。

　　三呈敬酒甜酒，三献甜酒供酒。

　　信士良魂转来急急，良人好魄回来忙忙。

　　好魂附体健康身体，气魄附身好气好力。

　　清吉居得千年，平安坐过百岁。

　　神韵——

读比这酒，

Dub bit zhex jiud，

读约比散这酒，

Dub yod bit sant zhex jiud，

读扛比然龙弄。

Dub gangb bit rab longb nongb.

比达酒豆酒江，

Bit dab jiud dout jiud jiangb，

比这酒江酒明。

Bit zhex jiud jiangb jiud miuongb.

比达公兄，

Bit dab gongb xiongb，

比这糯然。

Bit zheb nub rab.

昂斩几锐公色，

Ghax zhad jid ruib gongb ses，

共色糯然。

Gongb ses nub rab.

比散酒莽他数，

Bit sant jiud mangb tad sud，

比散酒卡他那。

Bit sant jiud kad tad liax.

他数他半洞久，

Tad sud tad banb dongb jub，

将那将久洞半。

Jiangx laix jiangx jub dongb banb.

读约比散这酒，

Dub yod bit sant zhex jiud，

读扛比然龙弄。

Dub gangb bit rab longb nongb.

比散酒豆酒江，

Bit sant jiud dout jiud jiangb，

比散酒江酒明。

Bit sant jiud jiangb jiud miuongb.

学西拔竹岭豆几内、

Xuob xid pead zhus liongs dout jid neb、

读约苟扛拔竹岭豆几内，

Dub yod geud gangb pead zhus liongs dout jid neb，

学笑浓竹岭且吉虐、

Xuox xiaox niongx zhus liongs quex jib nus、

读约苟扛浓竹林且吉虐。

Dub yod geud gangb niongx zhus liongs quex jib nus.

（学西拔竹岭豆布目、

（Xuox xid pead zhus liongs dout bub mus、

读约苟扛拔竹岭豆布目，

Dub yod goub gangb pead zhus liongs dout bub mus，

学笑浓竹岭且则厄、

Xuox xiaox niongx zhus liongs quex zeid gied、

读约苟扛浓竹林且则厄。）

Dub yod goub gangb niongx zhus liongs quex zeid gied. ）

几拢扛单埋浪比豆，

Jid liongb gangb dand maib nangb bid dex，

吉冲扛送埋浪比斗。

Jib chongx gangb songx maib nangb bid doub.

否服自尼埋服，

Woub fub zid nib maib fub，

否能自尼埋能。

Woub nongb zid nib maib nongb.

否服埋服，

Woub fub maib fub，

否能埋能。

Woub nongb maib nongb.

拼散埋腊几最没服，

Piongt sant maib lab jid zuib meit fub，

拼卡埋莎几最没龙。

Qiongt kax maib sax jid zuib meit nongb.

拼散苟照打鸟，

Piongt sant goud zhaob dab niaob,

拼卡苟照达弄。

Piongt kax goud zhaob dab nongx.

阿——酒——阿——酒——   （摇铃放筶）

Ab—jiux—ab—jiux—

敬上四呈供酒，敬献四献敬酒。

四呈香酒甜酒，四献甜酒蜜酒。

四碗热粑，四盘糯供。

下酒的熟肉，热粑糯供。

四呈供酒要来脱枷，四献干酒要来解索。

脱枷全已脱了，解索全部解完。

敬上四呈供酒，上这四献敬酒。

四呈香酒甜酒，四献甜酒供酒。

祭祀"最古的白天女车祖"，供送"最古的白天女车祖"。

敬奉"最老的白日男车神"，敬送"最老的白日男车神"。

或祭祀"最古的白天女车祖"，供送"最古的白天女车祖"。

敬奉"最老的白日男车神"，敬送"最老的白日男车神"。

端着递到你们手中，拿着送到你们手内。

人喝就是你们得喝，人吃就是你们得吃。

他喝你喝，他吃你吃。

吹气齐皆来喝，吹味齐皆来吃。

吹气喝在口中，吹味吃在嘴内。

神韵——

服约比散这酒，

Fub yod bit sant zhex jiud,

比然龙弄。

Bit rab longb nongb.

比达酒豆酒江，

Bit dab jiud dout jiud jiangb,

比这酒江酒明。

Bit zhex jiud jiangb jiud miuongb.

向剖向乜他数抓数，

Xiangt pout xiangt nias tad sud zhuax sud，

向内向骂将那抓那。

Xiangt nied xiangt max jiangx liax zhuax liax.

阿标林休他数抓数，

Ab bioud liuongb xut tad sud zhuax sud，

阿竹共让将那抓那。

Ab zhub gongx rangx jiangx liax zhuax liax.

再斗阿产欧谷标，

Zaix doub ad chant out guob bioud，

内浪阿吧欧谷竹。

Neib nangb ab bax out guob zhub.

产谷产标他数抓数，

Chant guob chant bioud tad sud zhuax sud，

吧谷吧竹将那抓那。

Bax guob bax zhub jiangx liax zhuax liax.

产内久斗数洞数恩，

Chant neib jud doub sud dongb sud ghongb，

吧内久斗数首数闹。

Bax neib jud doub sud sout sud liuaot.

西约腊到先头，

Xid yod lab daox xiand toub，

笑约腊到木汝。

Xiaox yod lab daox mub rux.

产豆几没出格斗标，

Chant dout jid meib chud gib chub bioud，

吧就几没喂怪柔纵。

Bax jux jid meib weib guaix roub zongb.

你茶你猛产豆，

Nit cat nit mengb chant dout，

炯汝炯猛吧就。

Jiongx rux jiongx mengb bax jux.

出见吾见腊拢，
Chud jianb wub jianb lab liongb,
出汝吾嘎腊到。
Chud rux wub gad lab daox.
出话岭娘产豆，
Chud huat liuongt niangb chant dout,
出岭汝猛吧就。
Chud liuongt rux mengb bax jux.
阿——酒——阿——酒—— （摇铃放筶）
Ab—jiux—ab—jiux—

喝了四呈的酒，四献的供。
四呈敬酒甜酒，四献甜酒供酒。
祖公祖婆脱锁已了，先母先父解索已完。
一家大小脱锁已了，一屋老幼解索已完。
再有一千二百家，房族一百二十户。
房族人等脱锁已了，叔伯弟兄解索已完。
千人解了铜锁铁锁，百众脱了铜链铁链。
敬了便得长气，祭了他得长寿。
千年没有凶兆家中，百岁没有怪异家内。
清吉居得千年，平安坐过百岁。
做成大钱也来，做好横财也到。
做大富得千年，做强好过百岁。
神韵——

读约便散这酒，
Dub yod biat sant zhex jiud,
读扛便然龙弄。
Dub gangb biat rab longb nongb.
便达酒豆酒江，
Biat dab jiud dout jiud jiangb,
便这酒江酒明。
Biat zhex jiud jiangb jiud miuongb.

便达公兄，

Biat dab gongb xiongb,

便这糯然。

Biat zheb nub rad.

昂斩几锐公色，

Ghax zhad jid ruib gongb ses,

共色糯然。

Gongb ses nub rab.

便散酒莽周先，

Biat sant jiud mangb zhoub xiand,

便散酒卡良木。

Biat sant jiud kad liab mub.

周先莎到先头麻林，

Zhoub xiand sax daox xiand toub mab liuongb,

良木莎到木汝麻头。

Liab mub sax daox mub rux mab toub.

读约便散这酒，

Dub yod biat sant zhex jiud,

读扛便然龙弄。

Dub gangb biat rab longb nongb.

便达酒豆酒江，

Biat dab jiud dout jiud jiangb,

便这酒江酒明。

Biat zhex jiud jiangb jiud miuongb.

学西拔竹岭豆几内、

Xuob xid pead zhus liongs dout jid neb、

读约苟扛拔竹岭豆几内，

Dub yod geud gangb pead zhus liongs dout jid neb,

学笑浓竹岭且吉虐、

Xuox xiaox niongx zhus liongs quex jib nus、

读约苟扛浓竹林且吉虐。

Dub yod goud gangb niongx zhus liongs quex jib nus.

（学西拔竹岭豆布目、

（Xuox xid pead zhus liongs dout bub mus、

读约苟扛拔竹岭豆布目，

Dub yod goud gangb pead zhus liongs dout bub mus，

学笑浓竹岭且则厄、

Xuox xiaox niongx zhus liongs quex zeid gieb、

读约苟扛浓竹林且则厄。）

Dub yod geud gangb niongx zhus liongs quex zeid gied. ）

几拢扛单埋浪比豆，

Jid liongb gangb dand maib nangb bid dex，

吉冲扛送埋浪比斗。

Jib chongx gangb songx maib nangb bid doub.

否服自尼埋服，

Woub fub zid nib maib fub，

否能自尼埋能。

Woub nongb zid nib maib nongb.

否服埋服，

Woub fub maib fub，

否能埋能。

Woub nongb maib nongb.

拼散埋腊几最没服，

Piongt sant maib lab jid zuib meit fub，

拼卡埋莎几最没龙。

Piongt kax maib sax jid zuib meit nongb.

拼散苟照打鸟，

Piongt sant goud zhaob dab niaob，

拼卡苟照达弄。

Piongt kax goud zhaob dab nongx.

阿——酒——阿——酒——   （摇铃放筶）

Ab—jiux—ab—jiux—

敬上五呈供酒，敬贡五献敬酒。

五呈香酒甜酒，五献甜酒蜜酒。

五碗热粑，五盘糯供。

下酒的熟肉，热粑糯供。

五呈供酒要来留气，五献干酒要来赐福。

留气也得长气长命，赐福也得大福洪福。

敬上五呈供酒，敬贡五献敬酒。

五呈香酒甜酒，五献甜酒供酒。

祭祀"最古的白天女车祖"，供送"最古的白天女车祖"。

敬奉"最老的白日男车神"，敬送"最老的白日男车神"。

或祭祀"最古的白天女车祖"，供送"最古的白天女车祖"。

敬奉"最老的白日男车神"，敬送"最老的白日男车神"。

端着递到你们手中，拿着送到你们手内。

人喝就是你们得喝，人吃就是你们得吃。

他喝你喝，他吃你吃。

吹气齐皆来喝，吹味齐皆来吃。

吹气喝在口中，吹味吃在嘴内。

神韵——

服约便散这酒，

Fub yod biat sant zhex jiud，

便然龙弄。

Biat rab longb nongb.

便达酒豆酒江，

Biat dab jiud dout jiud jiangb，

便这酒江酒明。

Biat zhex jiud jiangb jiud miuongb.

得忙几洞先头腊到先头，

Deit mangb jid dongb xiand toub lab daox xiand toub，

度忙吉良木汝莎到木汝。

Dux mangb jib liab mub rux sax daox mub rux.

西约腊到先头麻林，

Xid yod lab daox xiand toub mab liuongb，

照弄求猛你娘产豆，

Zhaob nongd quix mengb nit niangb chant dout，

笑约腊到木汝麻头。

Xiaox yod lab daox mub rux mab toub.

照弄求猛炯挂吧就。

Zhaob nongd qiux mengb jiongx guax bax jux.

阿标林休，

Ab bioud liuongb xut，

你气葡剖葡乜，

Nit qix pub pout pub nis，

阿竹共让，

Ad zhub gongx rangx，

炯气葡内葡骂。

Jiongx qix pub neid pub max.

你气窝柔斗补，

Nit qit aot roub doub bub，

炯气窝图然冬。

Jiongx qit aot tub rab dongt.

你气冬林夯公，

Nit qit dongt liuongb hangb gongt，

炯气绒善夯他。

Jiongx qit rongb shait hangb tax.

产豆几没出格斗标，

Chant dout jid meib chud gib doub bioud，

吧就几没喂怪柔纵。

Bax jux jid meib weib guaib roub zongb.

你茶你猛产豆，

Nit cat nit mengb chant dout，

炯汝炯猛吧就。

Jiongx rux jiongx mengb bax jux.

阿——酒——阿——酒——　　　　　　　　　　　（摇铃放筶）

Ab—jiux—ab—jiux—

喝了五呈的酒，五献的供。

五呈敬酒甜酒，五献甜酒供酒。

主家祈福也得增福延寿，主人祈祷也获长命洪福。

敬了便得长气长命，从今以后坐得千年。

祭了他得洪福长寿，从此以后坐过百岁。

一家大小，居来承根接祖。

一屋老幼，坐来添子发孙。

居来寿同古木，坐来寿同古树。

居来寿如南岭，坐来寿比南山。

千年没有凶兆家中，百岁没有怪异家内。

清吉居得千年，平安坐过百岁。

神韵——

读照这酒，

Dub zhaob zhex jiud,

读约照散这酒，

Dub yod zhaob sant zhex jiud,

读扛照然龙弄。

Dub gangb zhaob rab longb nongb.

照达酒豆酒江，

Zhaob dab jiud dout jiud jiangb,

照这酒江酒明。

Zhaox zhex jiud jiangb jiud miuongb.

照达公兄，

Zhaob dab gongb xiongb,

照这糯然。

Zhaob zheb nub rangx.

昂斩几锐公色，

Ghax zhad jid ruib gongb ses,

共色糯然。

Gongb ses nub rab.

照散酒莽休力，

Zhaox sant jiud mangb xiut lib,

照散酒卡油状。

Zhaox sant jiud kax youb zhuangl.

休力休闹乙热内补，

Xiut lib xiut laox yib reb neib bub,

油状油嘎以然内冬。

Youb zhuangl youb gad yib ranb neib dongt.

列休加绒加棍,

Lieb xiut jiad rongb jiad gunt,

列油加皮加细。

Lieb yout jiad bix jiad xix.

列休加梦加豆,

Lieb xiut jiad mengt jiad dout,

列休加章加萨。

Lieb xiut jiad zhuangb jiad sad.

列休加事加录,

Lieb xiut jiad six jiad nub,

列休加内加总。

Lieb xiut jiad neib jiad zongb.

列休就达白见,

Lieb xiut jub dab beid jianb,

列休就挂袍嘎。

Lieb xiut jiub guax paox gad.

几齐休闹乙热内补,

Jid qit xiut laox yib reb neib bub,

吉叫油嘎以然内冬。

Jib jiaob youb gad yib rab neib dongt.

休猛几齐,

Xiut mengb jid qit,

油猛吉叫。

Youb mengb jib jiaob.

照散这酒,

Zhaox sant zhex jiud,

照然龙弄。

Zhaox rab longb nongb.

酒豆酒江,

Jiud dout jiud jiangb,

酒江酒明。

Jiud jiangb jiud miuongb.

学西拔竹岭豆几内、

Xuob xid pead zhus liongs dout jid neb、

读约苟扛拔竹岭豆几内，

Dub yod geud gangb pead zhus liongs dout jid neb，

学笑浓竹岭且吉虐、

Xuox xiaox niongx zhus liongs quex jib nus、

读约苟扛浓竹林且吉虐。

Dub yod goud gangb niongx zhus liongs quex jib nus.

（学西拔竹岭豆布目、

（Xuox xid pead zhus liongs dout bub mus、

读约苟扛拔竹岭豆布目，

Dub yod goud gangb pead zhus liongs dout bub mus，

学笑浓竹岭且则厄、

Xuox xiaox niongx zhus liongs quex zeid gied、

读约苟扛浓竹林且则厄。）

Dub yod geud gangb niongx zhus liongs quex zeid gied. ）

几拢扛单埋浪比豆，

Jid liongb gangb dand maib nangb bid dex，

吉冲扛送埋浪比斗。

Jib chongx gangb songx maib nangb bid doub.

否服自尼埋服，

Woub fub zid nib maib fub，

否能自尼埋能。

Woub nongb zid nib maib nongb.

否服埋服，

Woub fub maib fub，

否能埋能。

Woub nongb maib nongb.

拼散埋腊几最没服，

Piongt sant maib lab jid zuib meit fub，

拼卡埋莎几最没龙。

Piongt kax maib sax jid zuib meit nongb.

拼散苟照打鸟，

Piongt sant goud zhaob dab niaob,

拼卡苟照达弄。

Piongt kax goud zhaob dab nongx.

阿——酒——阿——酒——　　　　　　　　　　（摇铃放筶）

Ab—jiux—ab—jiux—

　　敬上六呈供酒，敬贡六献敬酒。

　　六呈香酒甜酒，六献甜酒蜜酒。

　　六碗热粑，六盘糯供。

　　下酒的熟肉，热粑糯供。

　　六呈供酒要驱凶神，六献供献要赶恶煞。

　　凶神驱去他乡别里，恶煞赶去他地别处。

　　要驱凶神恶鬼，要赶坏梦霾梦。

　　要驱顽疾恶病，要赶官非口舌。

　　要驱灾难祸害，要赶凶贼恶人。

　　要驱失财破米，要赶晦气怄气。

　　全都驱去他乡别里，全部赶去他地别处。

　　六呈供酒，六献敬酒。

　　香酒甜酒，甜酒蜜酒。

　　祭祀"最古的白天女车祖"，供送"最古的白天女车祖"。

　　敬奉"最老的白日男车神"，敬送"最老的白日男车神"。

　　或祭祀"最古的白天女车祖"，供送"最古的白天女车祖"。

　　敬奉"最老的白日男车神"，敬送"最老的白日男车神"。

　　拿着敬到你们手中，拿着送到你们手内。

　　人喝就是你们得喝，人吃就是你们得吃。

　　他喝你们得喝，他吃你们得吃。

　　吹气齐皆来喝，吹味齐皆来吃。

　　吹气喝在口中，吹味吃在嘴内。

　　神韵——

服约照散这酒，

Fub yod zhaox sant zhex jiud,

照然龙弄。

Zhaox rab longb nongb.

照达酒豆酒江,

Zhaox dab jiud dout jiud jiangb,

照这酒江酒明。

Zhaox zhex jiud jiangb jiud miuongb.

休力休猛乙热内补,

Xiut lib xiut mengb yib reb neib bub,

油章油闹依然内冬。

Youb zhuangb youd laox yib rab neib dongt.

吉标几没几绵,

Jib bioud jid meib jid miangb,

几竹几没吉乡。

Jid zhub jid meib jib xiangd.

吉标茶高善善,

Jib bioud cat gaod shait shait,

几竹明汝忙忙。

Jid zhub miuongb rux mangb mangb.

茶高善善汝你,

Cat gaod shait shait rux nit,

明汝忙忙汝炯。

Miuongb rux mangb mangb rux jiongx.

产豆几没出格斗标,

Chant dout jid meib chud gib doub bioud,

吧就几没喂怪柔纵。

Bax jux jid meib weib guaix roub zongb.

你茶你猛产豆,

Nit cat nit mengb chant dout,

炯汝炯猛吧就。

Jiongx rux jiongx mengb bax jux.

出见吾见腊拢,

Chud jianb wut jianb lab liongb,

出汝吾嘎腊到。
Chud rux wut gad lab daox.
出话岭娘产豆，
Chud huat liuongt niangb chant dout,
出求汝猛吧就。
Chud qiux rux mengb bax jiux.
阿——酒——阿——酒—— （摇铃放筶）
Ab—jiux—ab—jiux—

喝了六呈的酒，六献的供。
六呈敬酒甜酒，六献甜酒供酒。
凶神驱去他乡别里，恶煞赶去他地别处。
家中没有龌龊，家内没有垃圾。
家中干干净净，家内清清白白。
干干净净好居，清清白白好住。
千年没有凶兆家中，百岁没有怪异家内。
清吉居得千年，平安坐过百岁。
做好大钱也来，做大横财也到。
做大富得千年，做强好过百岁。
神韵——

读炯这酒，
Dub jiongb zhex jiud,
读约炯散这酒，
Dub yod jiongb sant zhex jiud,
阿然龙弄。
Ad rab longb nongb.
酒豆酒江，
Jiud dout jiud jiangb,
酒江酒明。
Jiud jiangb jiud miuongb.
炯达公兄，
Jiongb dab gongb xiongb,

炯这糯然。

Jiongb zheb nub rab.

昂斩几锐公色，

Ghax zhad jid ruib gongb ses，

共色糯然。

Gongb ses nub rab.

炯散酒莽几洞先头，

Jiongb sant jiud mangb jid dongb xiand toub，

炯散酒卡吉良木汝。

Jiongb sant jiud kad jib liab mub rux.

几洞先头——

Jid dongb xiand toub—

阿标林休几最莎到先头，

Ad bioud liuongb xut jid zuib sax daox xiand toub，

吉良木汝——

Jib liax mub rux—

阿竹共让几最莎到木汝。

Ad zhub gongx rangx jid zuib sax daox mub rux.

西约列扛汝苟猛豆，

Xid yod lieb gangb rux goud mengb dout，

笑约列扛汝公猛炯。

Xiaox yod lieb gangb rux gongt mengb jiongx.

西吾长拢朋服，

Xit wut changb liongb bengb fub，

西列长拢朋龙。

Xit liex changb liongb bengb nongb.

龙锐长你打起，

Nongb ruit changb nit dab qit，

龙列长纵达写。

Nongb liex changb zongb dab xied.

龙锐长拢江嘎，

Nongb ruit changb liongb jiangb gad，

龙列长拢江记。

Nongb liex changb longb jiangb jib.

求绒水单，

Qiux rongb shuit dand,

闹夯水送。

Laox hangb shuit songx.

西约娘萨，

Xit yod niangb sax,

笑约娘章。

Xiaox yod niangb zhuangb.

娘萨娘猛产豆，

Niangb sad niangb mengb chant dout,

娘章娘猛吧就。

Niangb zhuangb niangb mengb bax jux.

标西几扛长周，

Bioud xit jid gangb changb zhout,

窝潮几扛长干。

Aod zaox jid gangb changb ganb.

出格久长斗标，

Chub gib jud changb doub bioud,

喂怪久长柔纵。

Weib guaix jud changb roub zongb.

娘萨娘猛产豆，

Niangb sad niangb mengb chant dout,

娘章娘猛吧就。

Niangb zhuangb niangb mengb bax jux.

炯散这酒，

Jiongx sant zhex jiud,

炯然龙弄。

Jiongx rab longb nongb.

酒豆酒江，

Jiud dout jiud jiangb,

酒江酒明。

Jiud jiangb jiud miuongb.

学西拔竹岭豆几内、

Xuob xid pead zhus liongs dout jid neb、

读约苟扛拔竹岭豆几内，

Dub yod geud gangb pead zhus liongs dout jid neb，

学笑浓竹岭且吉虐、

Xuox xiaox niongx zhus liongs quex jib nus、

读约苟扛浓竹林且吉虐。

Dub yod goud gangb niongx zhus liongs quex jib nus.

（学西拔竹岭豆布目、

（Xuox xid pead zhus liongs dout bub mus、

读约苟扛拔竹岭豆布目，

Dub yod geud gangb pead zhus liongs dout bub mus，

学笑浓竹岭且则厄、

Xuox xiaox niongx zhus liongs quex zeid gied、

读约苟扛浓竹林且则厄。）

Dub yod geud gangb niongx zhus liongs quex zeid gied. ）

几拢扛单埋浪比豆，

Jid liongb gangb dand maib nangb bid dex，

吉冲扛送埋浪比斗。

Jib chongx gangb songx maib nangb bid doub.

拼散埋腊几最没服，

Piongt sant maib lab jid zuib meit fub，

拼卡埋莎几最没龙。

Piongt kax maib sax jid zuib meit nongb.

拼散苟照打鸟，

Piongt sant geud zhaob dab niaob，

拼卡苟照达弄。

Piongt kax geud zhaob dab nongx.

阿——酒——阿——酒——   （摇铃放筶）

Ab—jiux—ab—jiux—

要来敬上七呈供酒，七献敬酒。

香酒甜酒，甜酒蜜酒。

七碗热粑，七盘糯供。

下酒的熟肉，热粑糯供。

七呈供酒来换长气，七献敬肉来换长寿。

来换长气，一家大小都得长气。

来换长寿，一屋老幼皆得长寿。

今天喝了七呈供酒，七献敬酒。

喝了要送好疾好病，吃了要送好病好痛。

渴水转来想喝，饿饭转来想吃。

吃菜转来坐肚，吃饭转来肥肠。

吃菜转来得甜，吃饭转来得香。

上坡得到，下山得临。

敬了要送得好，祭了要送得灵。

好要好得千年，安要安得百载。

凶异不转家里，凶怪不现家内。

看水碗不许再见恶煞，问米卜不准再现恶鬼。

祭了要送准得千年，敬了要送安得百载。

七呈供酒，七献敬酒。

祭祀"最古的白天女车祖"，供送"最古的白天女车祖"。

敬奉"最老的白日男车神"，敬送"最老的白日男车神"。

或祭祀"最古的白天女车祖"，供送"最古的白天女车祖"。

敬奉"最老的白日男车神"，敬送"最老的白日男车神"。

端着送到你们手中，拿着送到你们手内。

吹气齐皆来喝，吹味齐皆来吃。

吹气喝在口中，吹味吃在嘴内。

神韵——

列拢读约乙（照）散这酒，

Leb longs dub yod yib（zhaob）sant zheux jiud，

乙（照）然龙弄。

Yib（zhaob）rab longs nongx.

酒豆酒江，

Jiud dout jiud jiangb，

酒江酒明。

Jiud jiangb jiud miuongb.

乙达公兄，

Yid dab gongb xiongb，

乙这糯然。

Yid zheb nub rab.

昂斩几锐公色，

Ghax zhad jid ruib gongb ses，

共色糯然。

Gongb ses nub rab.

乙（照）散酒忙几洞先头，

Yib（zhaob）sant jiud mangb jid dongb xiand toub，

乙（照）散昂忙吉良木汝。

Yib（zhaob）sant gheab mangb jib lieax mus rux.

几洞先头——

Jid dongb xiand toub—

阿标林休几最莎到先头，

Ab bioud liongs xut jid zuib seax daox xiand toub，

吉良木汝——

Jid lieax mus rux—

阿竹共让几最莎到木汝。

Ad zhus gongx rangx jid zuib seax daox mus rux.

他拢服约炯散这酒，

Teax nongd fub yod jiongb sant zheux jiud，

炯然龙弄。

Jiongb rab longs nongx.

西约列扛汝苟猛豆，

Xid yod leb gangb rux goud mengt dout，

笑约列扛汝公猛炯。

Xiaox yod leb gangb rux gongt mengb jiongx.

西吾长拢朋服，

Xit wut changb longs bengt fub，

西列长拢朋龙。

Xit lex changb longs bengt nongb.

龙锐长你打起，

Nongb ruit changb nil dat qit，

龙列长纵达写。

Nongb lex changb zongb dab xied.

龙锐长拢江嘎，

Nongb ruit changb longs jiangx gad，

龙列长拢江记。

Nongb lex changb longs jiangx jid.

求绒水单，

Qiud rongs shuit dand，

闹夯水送。

Laox hangb shuit songx.

西约娘萨，

Xid yod niangb sead，

笑约娘章。

Xiaox yod niangb zhuangb.

娘萨娘猛产豆，

Niangb sead niangb mengb chant dout，

娘章娘猛吧就。

Niangb zhuangb niangb mengb bax jux.

乙（照）散这酒，

Yib（zhaob）sant zheux jiud，

乙（照）然龙弄。

Yib（zhaob）rab longs nongx.

酒豆酒江，

Jiud dout jiud jiangb，

酒江酒明。

Jiud jiangb jiud miuongb.

学西拔竹岭豆几内、

Xuob xid pead zhus liongs dout jid neb、

读约苟扛拔竹岭豆几内，

Dub yod goud gangb pead zhus liongs dout jid neb，

学笑浓竹岭且吉虐、

Xuox xiaox niongx zhus liongs quex jib nus、

读约苟扛浓竹林且吉虐。

Dub yod goud gangb niongx zhus liongs quex jib nus.

(学西拔竹岭豆布目、

(Xuox xid pead zhus liongs dout bub mus、

读约苟扛拔竹岭豆布目，

Dub yod goud gangb pead zhus liongs dout bub mus，

学笑浓竹岭且则厄、

Xuox xiaox niongx zhus liongs quex zeid gied、

读约苟扛浓竹林且则厄。)

Dub yod goud gangb niongx zhus liongs quex zeid gied.)

拼散埋腊几最没服，

Piongt sant maib leas jid zuib met fud，

拼卡埋莎几最没龙。

Piongt keax maib seax jid zuib met nongb.

拼散苟照打鸟，

Piongt sant goud zhaob dad niaob，

拼卡苟照达弄。

Piongt keax geud zhaob dab nongx.

阿酒——阿酒。   （摇铃放答）

Ab jiux—ab jiux.

要来敬上八（六）呈供酒，八（六）献敬酒。[①]

香酒甜酒，甜酒蜜酒。

八碗热粑，八盘糯供。

下酒的熟肉，热粑糯供。

八（六）呈供酒来换长气，八（六）献敬肉来换长寿。

来换长气，一家大小都得长气。

来换长寿，一屋老幼皆得长寿。

今天喝了八（六）呈供酒，八（六）献敬酒。

喝了要送好疾好病，吃了要送好病好痛。

渴水转来想喝，饿饭转来想吃。

吃菜转来坐肚，吃饭转来肥肠。

吃菜转来得甜，吃饭转来得香。

上坡得到，下山得临。

敬了要送得好，祭了要送得灵。

好要好得千年，安要安得百载。

凶异不转家里，凶怪不现家内。

看水碗不许再见恶煞，问米卜不准再现恶鬼。

祭了要送准得千年，敬了要送安得百载。

八(六)呈供酒，八(六)献敬酒。

祭祀"最古的白天女车祖"，供送"最古的白天女车祖"。

敬奉"最老的白日男车神"，敬送"最老的白日男车神"。

或祭祀"最古的白天女车祖"，供送"最古的白天女车祖"。

敬奉"最老的白日男车神"，敬送"最老的白日男车神"。

吹气齐皆来喝，吹味齐皆来吃。

吹气喝在口中，吹味吃在嘴内。

神韵——

注：① (六)是就敬夜晚车祖神而言，因为敬夜晚车祖神只有七碗，而白天车祖神则是九碗，其中的第六碗和第八碗都是倒数的第二碗。而最后一碗是敬给祖师等东道主神的。

列拢读约纠散这酒，

Lieb longs dub yod jiub sant zheux jiud,

纠然龙弄。

Jiub rab longs nongx.

(列拢读约炯散这酒，

(Lieb longs dub yod jiongb sant zheux jiud,

炯然龙弄。)

Jiongb rab longs nongx.)

酒豆酒江，

Jiud dout jiud jiangb,

酒江酒明。

Jiud jiangb jiud miongb

纠(炯)散酒莽几洞先头，

Jiub（jiongx）sant jiud mangb jid dongb xiand toub，

纠(炯)散昂忙吉良木汝。

Jiub（jiongx）sant gheab mangb jib lieax mus rux.

几洞先头——

Jid dongb xiand doub—

阿标林休几最莎到先头，

Ab bioud liongs xut jid zuib sab daox xiand toub，

吉良木汝——

Jid liangx mus rux—

阿竹共让几最莎到木汝。

Ad zhus gongx rangx jid zuib sab daox mus rux.

纠散这酒，

Jiub sant zheux jiud，

纠然龙弄。

Jiub rab longs nongx.

（炯散这酒，

（Jiongb sant zheux jiud，

炯然龙弄。）

Jiongb rab longs nongx.）

酒豆酒江，

Jiud dout jiud jiangb，

酒江酒明。

Jiud jiangb jiud miongb.

纠达公兄，

Jiux dab gongb xiongb，

纠这糯然。

Jiux zheb nub rab.

昂斩几锐公色，

Ghax zhad jid ruib gongb ses，

共色糯然。

Gongb ses nub rab.

读约苟扛便告斗补，

Dub yod geud gangb bieat ghaox doub bub，

照告然冬、

Zhaox ghaox rab dongt、

棍缪棍昂、

Ghunt mioud ghunt gheab、

得寿产鹅棍空，

Deib shout chant eb ghunt kongt，

傩汝吧图棍得。

Nus rux bax tub ghunt deb.

服约埋列告见，

Fud yod maib leb ghaod jianb，

龙约埋列送嘎。

Nongb yod maib leb songx gad.

读约苟扛太棍共米、

Dub yod goud gangb tait gunt gongx mit、

公加、首关、四贵，　　　　　（巳宫、辰宫、酉宫、寅宫诀）

Gongd jiad、shoud guand、six giux，

太棍米章、巴高、国峰、明鸿，　（午宫、戌宫、巳宫、卯宫诀）

Taix gunt mit zhuangd、bad gaod、guob fengd、mingb hongx，

太棍仕贵、后保，　　　　　　　　　　（巳宫、申宫诀）

Tait gunt shid giux、houx baod，

苟太光珍、勇贤、　　　　　　　　　　（申宫、戌宫诀）

Goud taix guangd zhengd、yongd xianb、

光三、老七、跃恩，　　　　　（卯宫、巳宫、申宫诀）

Guangd sand、laod qib、yiex engd，

苟太席乙、江远、林花、老苟、　（未宫、卯宫、子宫、午宫诀）

Goud taib xib yix、jiangd yand、linb huad、laod goud、

共四、老弄、　　　　　　　　　　（辰宫、寅宫诀）

Gongx six、laod nongt、

千由、天才、炯容、同兰，　　（丑宫、巳宫、酉宫、亥宫诀）

Qiand youb、tianb caib、jiongx rongb、tongb lan，

苟太强贵、龙贵、　　　　　　　　　（亥宫、丑宫诀）

Goud taib qiangb giux、longb giux、

光合、冬顺、得水，　　　　　（卯宫、申宫、未宫诀）

Guangd hob、dongd shunx、deib shiut,

苟剖双全, 苟剖长先,   （未宫、午宫诀）

Goud bout shuangd quanb, goud bout changb xiand,

苟打二哥、那那……   （酉宫、辰宫诀）

Goud dad erx ged、nat nat…

补谷阿柔告寿,

But guot ad roub gaot shout,

补谷欧柔告德。

But guob out roub gaot deit.

补产葵忙告见,

But chanx kuib mangb gaot jianb,

抓葡几最吉走。

Zhuad pux jid zuib jib zoub.

补吧录忙送嘎,

But bad lub mangb songx gad,

寿葡吉走吉板。

Shoux pux jid zoub jib banb.

告见几扛几白纠录乙苟,

Gaod jianb jid gangb jid beid jiud lus yib goud,

送嘎几扛热然谷叉图公。

Songx gad jid gangb reb rab guob chad tux gongx.

告见扛单,

Gaod jianb gangb dand,

送嘎扛送。

Songx gad gangb songx.

纠散这酒,

Jiub sant zheux jiud,

纠然龙弄。

Jiub rab longs nongx.

（炯散这酒,

（Jiongb sant zheux jiud,

炯然龙弄。）

Jiongb rab longs nongx.）

酒豆酒江，

Jiud dout jiud jiangb,

酒江酒明。

Jiud jiangb jiud miuongb.

拼散埋腊几最没服，

Piongt sant maib leas jid zuib met fud,

拼卡埋莎几最没龙。

Piongt keax maib seax jid zuib met nongb.

拼散苟照打鸟，

Piongt sant goud zhaob dad niaob,

拼卡苟照达弄。

Piongt keax goud zhaob dab nongx.

阿酒——阿酒。   （摇铃放筶）

Ab jiux—ab jiux.

要来敬上九呈供酒，九献敬酒。

（七呈供酒，七献敬酒。）

香酒甜酒，甜酒蜜酒。

九碗热粑，九盘糯供。

下酒的熟肉，热粑糯供。

九（七）呈供酒来换长气，九（七）献供肉来换长寿。

来换长气、一家大小皆得长气，

来换长寿、一屋老幼皆得长寿。

九（七）呈供酒，九（七）献敬酒。

香酒甜酒，甜酒蜜酒。

要来敬上五方土地，

六面龙神。鱼神肉神、

弟子的千位祖师，尊敬的百位宗师。

要来奉请——

奉请祖太共米、共甲、仕官、首贵，

祖太明章、巴高、国峰、明鸿，

祖太仕贵、后宝，

祖太光朱、勇贤、光三、老七、跃恩，

祖太席玉、江远、林华、老苟、共四、老弄、

千有、天财、进荣、腾兰，

祖太强贵、隆贵、光合、冬顺、得水，

叔公双全，祖公长先，

外祖二哥、大大……

三十一代祖师，三十二代弟子。

三千交钱祖师，查名皆齐皆遍。

三百度纸宗师，点字皆遍皆全。

喝了你们要去交钱，吃了你们要去度纸。

交钱不许漏落九条路头，度纸不要漏散十叉路尾。

交钱得过，度纸得明。①

九(七)呈供酒，九(七)献敬酒。

香酒甜酒，甜酒蜜酒。

吹气齐皆来喝，吹味齐皆来吃。

吹气喝在口中，吹味吃在嘴内。

神韵——

注：① 交钱得过，度纸得明——交钱度纸，宗教术语，指主持祭祀仪式的活动。其得过、得明即指要做得到，祭祀要准数，要达到祭祀之目的。

(七)读得纵浪酒·Dub det zongb nangb jiud ·敬小桌上的酒

(小桌上共有五碗酒，前四碗是敬送给神灵的，最后一碗是敬送给祖师棍空的。)

读约阿散这酒，

Dub yod ad sant zhex jiud,

阿然龙弄。

Ad rab longs nongx.

酒豆酒江，

Jiud dout jiud jiangb,

酒江酒明。

Jiud jiangb jiud miongb.

阿达公兄，

Ad dab gongb xiongb,

阿这糯然。

Ad zheb nub rab.

昂斩几锐公色，

Ghax zhad jid ruib gongb ses,

共色糯然。

Gongb ses nub rab.

阿散酒莽几洞先头，

Ad sant jiud mangb jid dongb xiand toub,

阿散昂忙吉良木汝。

Ad sant gheab mangb jid lieax mus rux.

几洞先头——

Jid dongb xiand toub—

阿标林休几最莎到先头，

Ab bioud liongs xut jid zuib seax daox xiand toub,

吉良木汝——

Jid lieax mus rux—

阿竹共让几最莎到木汝。

Ad zhus gongx rangx jid zuib sab daox mus rux.

阿散这酒，

Ad sant zhex jiud,

阿然龙弄。

Ad rab longs nongx.

酒豆酒江，

Jiud dout jiud jiangb,

酒江酒明。

Jiud jiangb jiud miongb.

学西内棍青，

Xuob xid ned ghunt qiongd,

骂棍留。

Max ghunt liu.

内和和，

Neid huob huob，

骂格格。

Max gib gib.

纠舍斗妻郎苟，

Jiub shet doub qud liangd goud，

弄力郎绒。

Nongx lis liangb rongb.

（炯舍斗妻郎苟，

（Jiongx shet doub qud liangb goud，

弄力郎绒。）

Nongx lis liangb rongb. ）

偷楼归容，

Toud loub guil rongb，

松梅千曹。

Songd meb qiand caob.

读约苟扛内棍青，

Dub yod goud gangb neb ghunt qiongd，

骂棍留。

Max ghunt liub.

内和和，

Neid huob huob，

骂格格。

Max gib gib.

纠舍斗妻郎苟，

Jiub shet doub qud liangd geub，

弄力郎绒。

Nongx lis liangb rongb.

（炯舍斗妻郎苟，

（Jiongx shet doub qud liangb geub，

弄力郎绒。）

Nongx lis liangb rongb. ）

偷楼归容，

Toud loub guil rongb,

松梅千曹。

Songd meib qiand caob.

拼散埋腊几最没服，

Piongt sant maib leas jid zuib met fud,

拼卡埋莎几最没龙。

Piongt keax maib seax jid zuib met nongb.

拼散苟照打鸟，

Piongt sant goud zhaob dad niaob,

拼卡苟照达弄。

Piongt keax goud zhaob dab nongx.

阿酒——阿酒。　　　　　　　　　　　　（摇铃放答）

Ab jiux—ab jiux.

敬上一呈供酒，一献敬酒。

香酒甜酒，甜酒蜜酒。

一碗热粑，一盘糯供。

下酒的熟肉，热粑糯供。

一呈供酒来换长气，一献供酒来换长寿。

来换长气、一家大小皆得长气，

来换长寿、一屋老幼皆得长寿。

一呈供酒，一献敬酒。

香酒甜酒，甜酒蜜酒。

祭祀"娘车祖，爷车神"。

娘忙忙，爷急急。

九层赶鬼走山，消灾走岭。

（七层赶鬼走山，消灾走岭）

赶鬼归穴，消灾归洞。

敬送"娘车祖，爷车神"。

娘忙忙，爷急急。

九层赶鬼走山，消灾走岭。

（七层赶鬼走山，消灾走岭。）

赶鬼归穴，消灾归洞。

吹气齐皆来喝，吹味齐皆来吃。

吹气喝在口中，吹味吃在嘴内。

神韵——

读约欧散这酒，

Dub yod out sant zheux jiud,

欧然龙弄。

Out rab longs nongx.

酒豆酒江，

Jiud dout jiud jiangb,

酒江酒明。

Jiud jiangb jiud miongb.

欧达公兄，

Out dab gongb xiongb,

欧这糯然。

Out zheb nub rab.

昂斩儿锐公色，

Ghax zhad jid ruib gongb ses,

共色糯然。

Gongb ses nub rab.

欧散酒莽体力，

Out sant jiud mangb tid lib,

欧散昂忙油章。

Out sant gheab mangb yout zhuangb.

休力洞久，

Xiud lib dongb jub,

油章洞半。

Youb zhuangb dongb banb.

酒豆酒江，

Jiud dout jiud jiangb,

酒江酒明。

Jiud jiangb jiud miongb.

学西内棍青，

Xuob xid ned ghunt qiongd，

骂棍留。

Max ghunt liu.

内和和，

Neid huob huob，

骂格格。

Max gib gib.

纠舍斗妻郎苟，

Jiub shet doub qud liangd goub，

弄力郎绒。

Nongx lis liangb rongb.

（炯舍斗妻郎苟，

（Jiongx shet doub qud liangb goub，

弄力郎绒。）

Nongx lis liangb rongb. ）

偷楼归容，

Toud loub guil rongb，

松梅千曹。

Songd meb qiand caob.

读约苟扛内棍青，

Dub yod goub gangb neb ghunt qiongd，

骂棍留。

Max ghunt liub.

内和和，

Neid huob huob，

骂格格。

Max gib gib.

纠舍斗妻郎苟，

Jiub shet doub qud liangd goub，

弄力郎绒。

Nongx lis liangb rongb.

（炯舍斗妻郎苟，

（Jiongx shet doub qud liangb goub，

弄力郎绒。）

Nongx lis liangb rongb. ）

偷楼归容，

Toud loub guil rongb，

松梅千曹。

Songd meib qiand caob.

拼散埋腊儿最没服，

Piongt sant maib leas jid zuib met fud，

拼卡埋莎儿最没龙。

Piongt keax maib seax jid zuib met nongb.

拼散苟照打鸟，

Piongt sant goub zhaob dad niaob，

拼卡苟照达弄。

Piongt keax goub zhaob dab nongx.

阿酒——阿酒。 （摇铃放筶）

Ab jiux—ab jiux.

 敬上二呈供酒，二献敬酒。

 香酒甜酒，甜酒蜜酒。

 二碗热粑，二盘糯供。

 下酒的熟肉，热粑糯供。

 二呈供酒收灾，二献供酒消煞。

 收灾已了，消煞已完。

 二呈供酒，二献敬酒。

 香酒甜酒，甜酒蜜酒。

 祭祀"娘车祖，爷车神"。

 娘忙忙，爷急急。

 九层赶鬼走山，消灾走岭。

 （七层赶鬼走山，消灾走岭。）

 赶鬼归穴，消灾归洞。

 敬送"娘车祖，爷车神"。

 娘忙忙，爷急急。

九层赶鬼走山，消灾走岭。

（七层赶鬼走山，消灾走岭。）

赶鬼归穴，消灾归洞。

吹气齐皆来喝，吹味齐皆来吃。

吹气喝在口中，吹味吃在嘴内。

神韵——

读约补散这酒，

Dub yod but sant zheux jiud,

补然龙弄。

But rab longs nongx.

酒豆酒江，

Jiud dout jiud jiangb,

酒江酒明。

Jiud jiangb jiud miongb.

补达公兄，

But dab gongb xiongb,

补这糯然。

But zheb nub rab.

昂斩几锐公色，

Ghax zhad jid ruib gongb ses,

共色糯然。

Gongb ses nub rab.

补散酒莽周先，

But sant jiud mangb zhoub xiand,

阿散酒忙良木。

Ad sant jiud mangb lieax mus.

周先莎到先头，

Zhoub xiand seax daox xiand toub,

良木莎到木汝。

Lieax mus seax daox mus rux.

补散这酒，

But sant zheux jiud,

补然龙弄。

But rab longs nongx.

酒豆酒江,

Jiud dout jiud jiangb,

酒江酒明。

Jiud jiangb jiud miongb.

学西内棍青,

Xuob xid ned ghunt qiongd,

骂棍留。

Max ghunt liub.

内和和,

Neid huob huob,

骂格格。

Max gib gib.

纠舍斗妻郎苟,

Jiub shet doub qud liangd goub,

弄力郎绒。

Nongx lis liangb rongb.

(炯舍斗妻郎苟,

(Jiongx shet doub qud liangb goub,

弄力郎绒。)

Nongx lis liangb rongb.)

偷楼归容,

Toud loub guil rongb,

松梅千曹。

Songd meb qiand caob.

读约苟扛内棍青,

Dub yod goud gangb neb ghunt qiongd,

骂棍留。

Max ghunt liub.

内和和,

Neid huob huob,

骂格格。

Max gib gib.

纠舍斗妻郎苟，

Jiub shet doub qud liangd geub,

弄力郎绒。

Nongx lis liangb rongb.

（炯舍斗妻郎苟，

Jiongx shet doub qud liangb goub,

弄力郎绒。）

Nongx lis liangb rongb. ）

偷楼归容，

Toud loub guil rongb,

松梅千曹。

Songd meib qiand caob.

拼散埋腊几最没服，

Piongt sant maib leas jid zuib met fud,

拼卡埋莎几最没龙。

Piongt keax maib seax jid zuib met nongb.

拼散苟照打鸟，

Piongt sant geud zhaob dad niaob,

拼卡苟照达弄。

Piongt keax goud zhaob dab nongx.

阿酒——阿酒。 （摇铃放筶）

Ab jiux—ab jiux.

敬上三呈供酒，三献敬酒。

香酒甜酒，甜酒蜜酒。

三碗热粑，三盘糯供。

下酒的熟肉，热粑糯供。

三呈供酒留气，一献供酒赐福。

留气皆得长气，赐福皆得洪福。

三呈供酒，三献敬酒。

香酒甜酒，甜酒蜜酒。

祭祀"娘车祖，爷车神"。

娘忙忙，爷急急。

九层赶鬼走山，消灾走岭。

（七层赶鬼走山，消灾走岭。）

赶鬼归穴，消灾归洞。

敬送"娘车祖，爷车神"。

娘忙忙，爷急急。

九层赶鬼走山，消灾走岭。

（七层赶鬼走山，消灾走岭。）

赶鬼归穴，消灾归洞。

吹气齐皆来喝，吹味齐皆来吃。

吹气喝在口中，吹味吃在嘴内。

神韵——

列拢读约比散这酒，

Lieb longs dub yod bit sant zheux jiud,

比然龙弄。

Bit rab longs nongx.

酒豆酒江，

Jiud dout jiud jiangb,

酒江酒明。

Jiud jiangb jiud miongb.

比达公兄，

Bit dab gongb xiongb,

比这糯然。

Bit zheb nub rab.

昂斩几锐公色，

Ghax zhad jid ruib gongb ses,

共色糯然。

Gongb ses nub rab.

比散酒忙几洞先头，

Bit sant jiud mangb jid dongb xiand toub,

比散（昂忙）吉良木汝。

Bit sant（gheab mangb）jid lieax mus rux.

几洞先头——

Jid dongb xiand toub—

阿标林休几最莎到先头，

Ab bioud liongs xut jid zuib sax daox xiand toub,

吉良木汝——

Jid lieax mus rux—

阿竹共让几最莎到木汝。

Ad zhus gongx rangx jid zuib seax daox mus rux.

他拢服约比散这酒，

Teax nongd fud yod bit sant zheux jiud,

比然龙弄。

Bit rab longs nongx.

西约列扛汝苟猛豆，

Xid yod lieb gangb rux goud mengt dout,

笑约列扛汝公猛炯。

Xiaox yod lieb gangb rux gongt mengb jiongx.

西吾长拢朋服，

Xit wut changb longs bengt fub,

西列长拢朋龙。

Xit lieb changb longs bengt nongb.

龙锐长你打起，

Nongb ruit changb nil dat qit,

龙列长纵达写。

Nongb lieb changb zongb dab xied.

龙锐长拢江嘎，

Nongb ruit changb longs jiangx gad,

龙列长拢江记。

Nongb lieb changb longs jiangx jid.

求绒水单，

Quix rongs shuit dand,

闹夯水送。

Laox hangb shuit songx.

西约娘萨，

Xid yod niangb sead,

笑约娘章。

Xiaox yod niangb zhuangb.

娘萨娘猛产豆，

Niangb sead niangb mengb chant dout,

娘章娘猛吧就。

Niangb zhuangb niangb mengb bax jux.

标西几扛长周，

Bioud xit jid gangb changb zhoub,

窝潮几扛长干。

Aot zaox jid gangb changb ganb.

出格久长斗标，

Chud gieb jud changb doub biud,

喂怪久长柔纵。

Weib guaix jud changb roub zongb.

娘萨娘猛产豆，

Niangb sead niangb mengb chant dout,

娘章娘猛吧就。

Niangb zhuangb niangb mengb bex jux.

比散这酒，

Bit sant zheux jiud,

比然龙弄。

Bit rab longs nongx.

酒豆酒江，

Jiud dout jiud jiangb,

酒江酒明。

Jiud jiangb jiud miongb.

西学西内棍青，

Xid xuob xid ned ghunt qiongd,

骂棍留。

Max ghunt liub.

内和和，

Neid huob huob,

骂格格。

Max gib gib.

纠舍斗妻郎苟,

Jiub shet doub qud liangd geub,

弄力郎绒。

Nongx lis liangb rongb.

（炯舍斗妻郎苟,

（Jiongx shet doub qud liangb geud,

弄力郎绒。）

Nongx lis liangb rongb. ）

偷楼归容,

Toud loub guil rongb,

松梅千曹。

Songd meb qiand caob.

读约苟扛内棍青,

Dub yod goud gangb neb ghunt qiongd,

骂棍留。

Max ghunt liub.

内和和,

Neid huob huob,

骂格格。

Max gib gib.

纠舍斗妻郎苟,

Jiub shet doub qud liangd goud,

弄力郎绒。

Nongx lis liangb rongb.

（炯舍斗妻郎苟,

（Jiongx shet doub qud liangb geub,

弄力郎绒。）

Nongx lis liangb rongb. ）

偷楼归容,

Toud loub guil rongb,

松梅千曹。

Songd meb qiand caob.

拼散埋腊儿最没服，

Piongt sant maib leas jid zuib met fud,

拼卡埋莎儿最没龙。

Piongt keax maib sab jid zuib met nongb.

拼散苟照打鸟，

Piongt sant goud zhaob dad niaob,

拼卡苟照达弄。

Piongt keax geud zhaob dab nongx.

阿酒——阿酒。 （摇铃放筶）

Ab jiux—ab jiux.

要来敬上四呈供酒，四献敬酒。

香酒甜酒，甜酒蜜酒。

四碗热粑，四盘糯供。

下酒的熟肉，热粑糯供。

四呈供酒来换长气，四献敬肉来换长寿。

来换长气，一家大小都得长气。

来换长寿，一屋老幼皆得长寿。

今天喝了四呈供酒，四献敬酒。

喝了要送好疾好病，吃了要送好病好痛。

渴水转来想喝，饿饭转来想吃。

吃菜转来坐肚，吃饭转来肥肠。

吃菜转来得甜，吃饭转来得香。

上坡得到，下山得临。

敬了要送得好，祭了要送得灵。

好要好得千年，安要安得百载。

凶异不转家里，凶怪不现家内。

看水碗不许再见恶煞，问米卜不准再现恶鬼。

祭了要送准得千年，敬了要送安得百载。

四呈供酒，四献敬酒。

祭祀"娘车祖，爷车神"。

娘忙忙，爷急急。

九层赶鬼走山，消灾走岭。

（七层赶鬼走山，消灾走岭。）

赶鬼归穴，消灾归洞。

敬送"娘车祖，爷车神"。

娘忙忙，爷急急。

九层赶鬼走山，消灾走岭。

（七层赶鬼走山，消灾走岭。）

赶鬼归穴，消灾归洞。

吹气齐皆来喝，吹味齐皆来吃。

吹气喝在口中，吹味吃在嘴内。

神韵——

（最后一碗酒）

列拢读约便散这酒，

Lieb longs dub yod bieat sant zheux jiud,

便然龙弄。

Bieat rab longs nongx.

酒豆酒江，

Jiud dout jiud jiangb,

酒江酒明。

Jiud jiangb jiud miuongb.

便达公兄，

Biat dab gongb xiongb,

便这糯然。

Biat zheb nub rab.

昂斩几锐公色，

Ghax zhad jid ruib gongb ses,

共色糯然。

Gongb ses nub rab.

便散酒莽几洞先头，

Bieat sant jiud mangb jid dongb xiand toub,

便散(昂忙)吉良木汝。

Bieat sant（gheab mangb）jid lieax mus rux.

几洞先头——

Jid dongb xiand toub—

阿标林休几最莎到先头,

Ab bioud liongs xut jid zuib seax daox xiand toub,

吉良木汝——

Jid lieax mus rux—

阿竹共让几最莎到木汝。

Ad zhus gongx rangx jid zuib sax daox mus rux.

便散这酒,

Bieat sant zheux jiud,

便然龙弄。

Bieat rab longs nongx.

酒豆酒江,

Jiud dout jiud jiangb,

酒江酒明。

Jiud jiangb jiud miongb.

读约苟扛便告斗补,

Dub yod geud gangb bieat ghaox doub bub,

照告然冬、

Zhaox ghaox rab dongt、

棍缪棍昂、

Ghunt mioud ghunt gheab、

得寿产娥棍空,

Deb sheut chant eb ghunt kongt,

傩汝吧图棍得。

Nus rux bax tub ghunt deb.

读约苟扛太棍共米、

Dub yod goud gangb tait ghunt gongx mit、

公加、首关、四贵,　　　　（巳宫、辰宫、酉宫、寅宫诀）

Gongd jiad、shoud guand、six giux,

太棍米章、巴高、国峰、明鸿,　（午宫、戌宫、巳宫、卯宫诀）

Taix gunt mit zhuangd、bad gaod、guob fengd、mingb hongx,

太棍仕贵、后保,　　　　　　　　　　（巳宫、申宫诀）

Tait gunt shid giux、houx baod,

苟太光珍、勇贤、　　　　　　　　　　（申宫、戌宫诀）

Goud taix guangd zhengd、yongd xianb、

光三、老七、跃恩,　　　　　　　　（卯宫、巳宫、申宫诀）

Guangd sand、laod qib、yiex engd,

苟太席乙、江远、林花、老苟、　　（未宫、卯宫、子宫、午宫诀）

Goud taib xib yix、jiangd yand、linb huad、laod goud、

共四、老弄、　　　　　　　　　　　　（辰宫、寅宫诀）

Gongx six、laod nongt、

千由、天才、炯容、同兰,　　　（丑宫、巳宫、酉宫、亥宫诀）

Qiand youb、tianb caib、jiongx rongb、tongb lan,

苟太强贵、龙贵、　　　　　　　　　　（亥宫、丑宫诀）

Goud taib qiangb giux、longb giux、

光合、冬顺、得水,　　　　　　　　（卯宫、申宫、未宫诀）

Guangd hob、dongd shunx、deib shiut,

苟剖双全,苟剖长先,　　　　　　　　　（未宫、午宫诀）

Goud bout shuangd quanb, goud bout changb xiand,

苟打二哥、那那……　　　　　　　　　（酉宫、辰宫诀）

Goud dad erx ged、nat nat…

补谷阿柔告寿,

But guot ad roub gaot shout,

补谷欧柔告德。

But guob out roub gaot deit.

补产葵忙告见,

But chanx kuib mangb gaot jianb,

抓葡几最吉走。

Zhuad pux jid zuib jib zoub.

补吧录忙送嘎,

But bad lub mangb songx gad,

寿葡吉走吉板。

Shoux pux jid zoub jib banb.

服约埋列告见，

Fud yod maib leb ghaod jianb,

龙约埋列送嘎。

Nongb yod maib leb songx gad.

告见几扛几白纠录乙苟，

Ghaod jianb jid gangb jid bed jiud lus yib goud,

送嘎几扛热然谷叉图公。

Songx gad jid gangb reb rab guob chad tux gongx.

告见扛单，

Ghaod jianb gangb dand,

送嘎扛送。

Songx gad gangb songx.

便散这酒，

Bieat sant zheux jiud,

便然龙弄。

Bieat rab longs nongx.

酒豆酒江，

Jiud dout jiud jiangb,

酒江酒明。

Jiud jiangb jiud miongb.

拼散埋腊几最没服，

Piongt sant maib leas jid zuib met fud,

拼卡埋莎几最没龙。

Piongt keax maib seax jid zuib met nongb.

拼散苟照打鸟，

Piongt sant goud zhaob dad niaob,

拼卡苟照达弄。

Piongt keax goud zhaob dab nongx.

喂服埋服，

Web fub maib fub,

喂能埋能。

Web nongb maib nongb.

阿酒——阿酒。 （摇铃放筶）

Ab jiux—ab jiux.

　　要来敬上五呈供酒，五献敬酒。
　　香酒甜酒，甜酒蜜酒。
　　五碗热粑，五盘糯供。
　　下酒的熟肉，热粑糯供。

　　五呈供酒来换长气，五献供肉来换长寿。
　　来换长气、一家大小皆得长气，
　　来换长寿、一屋老幼皆得长寿。
　　五呈供酒，五献敬酒。
　　香酒甜酒，甜酒蜜酒。
　　要来敬上五方土地，六面龙神。鱼神肉神、
　　弟子的千位祖师，尊敬的百位宗师。
　　要来奉请——
　　奉请祖太共米、共甲、仕官、首贵，
　　祖太明章、巴高、国峰、明鸿，
　　祖太仕贵、后宝，
　　祖太光朱、勇贤、光三、老七、跃恩，
　　祖太席玉、江远、林华、老苟、共四、老弄、
　　千有、天财、进荣、腾兰，
　　祖太强贵、隆贵、光合、冬顺、得水，
　　叔公双全，祖公长先，
　　外祖二哥、大大……
　　三十一代祖师，三十二代弟子。
　　三千交钱祖师，查名皆齐皆遍。
　　三百度纸宗师，点字皆遍皆全。
　　喝了你们要去交钱，吃了你们要去度纸。
　　交钱不许漏落九条路头，度纸不要漏散十叉路尾。
　　交钱得过，度纸得明。
　　五呈供酒，五献敬酒。

香酒甜酒，甜酒蜜酒。

吹气齐皆来喝，吹味齐皆来吃。

吹气喝在口中，吹味吃在嘴内。

神韵——

图书在版编目(CIP)数据

苗师"不青"敬日月车祖神科仪. 第二册 / 石寿贵编.
—长沙：中南大学出版社，2022.11
（湘西苗族民间传统文化丛书. 三）
ISBN 978-7-5487-4755-0

Ⅰ. ①苗… Ⅱ. ①石… Ⅲ. ①苗族－原始宗教－宗教
仪式－介绍－湘西土家族苗族自治州 Ⅳ. ①B933②K281.6

中国版本图书馆 CIP 数据核字（2021）第 268966 号

苗师"不青"敬日月车祖神科仪（第二册）
MIAOSHI "BUQING" JING RIYUECHEZUSHEN KEYI（DI-ER CE）

石寿贵 编

□出 版 人	吴湘华	
□责任编辑	刘 莉	
□责任印制	唐 曦	
□出版发行	中南大学出版社	
	社址：长沙市麓山南路	邮编：410083
	发行科电话：0731-88876770	传真：0731-88710482
□印 装	湖南省众鑫印务有限公司	

□开 本	710 mm×1000 mm 1/16	□印张 17.75	□字数 407 千字
□版 次	2022 年 11 月第 1 版	□印次 2022 年 11 月第 1 次印刷
□书 号	ISBN 978-7-5487-4755-0	
□定 价	178.00 元